Niels Pfläging I Silke Hermann
Komplexithoden

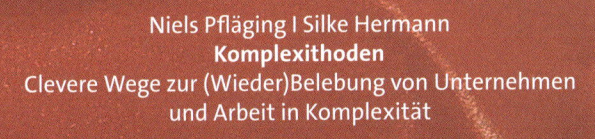

Niels Pfläging I Silke Hermann
Komplexithoden
Clevere Wege zur (Wieder)Belebung von Unternehmen
und Arbeit in Komplexität

Mit Illustrationen von Pia Steinmann

REDLINE | VERLAG

Bibliografische Information der Deutschen Nationalbibliothek
Die Deutsche Nationalbibliothek verzeichnet diese Publikation in der Deutschen Nationalbibliografie.
Detaillierte bibliografische Daten sind im Internet über http://dnb.d-nb.de abrufbar.

Für Fragen und Anregungen:
kontakt@komplexithoden.de

5. Auflage 2018

© 2015 by Redline Verlag, ein Imprint der Münchner Verlagsgruppe GmbH,
Nymphenburger Straße 86
D-80636 München
Tel.: 089 651285-0
Fax: 089 652096

Das Geschwisterchen zu diesem Werk ist unter dem Titel
„Organisation für Komplexität" bei Redline erschienen.

Illustration und Covergestaltung: Pia Steinmann, www.pia-steinmann.de
Design und Satz: Pia Steinmann, Niels Pfläging
Druck: Florjancic Tisk d.o.o., Slowenien
Printed in the EU

ISBN Print 978-3-86881-586-3
ISBN E-Book (PDF) 978-3-86414-724-1
ISBN E-Book (EPUB, Mobi) 978-3-86414-725-8

Weitere Informationen zum Verlag finden Sie unter

www.redline-verlag.de

Beachten Sie auch unsere weiteren Verlage unter www.m-vg.de

„Es gibt nichts Praktischeres
als eine gute Theorie."

Kurt Lewin

Inhalt

Warum dieses Buch – und was Sie damit tun können

Es ist ein dichtes Buch, das Sie in Ihren Händen halten. Nur eine oder zwei Seiten für jede Idee, für jedes der Konzepte, das wir „Komplexithoden" nennen. Wir wollen es kurz machen – unter weitgehendem Verzicht auf Storytelling: Der Rest soll sich in Ihrem Kopf abspielen. Wenn Sie mögen.

Das Businessbuch ist ein Metier, in dem wir Gewitztheit, Leichtigkeit und Konzentration aufs Wesentliche oftmals vermissen. Businessliteratur kommt meist fast staatstragend daher. Was eigentlich absurd ist, vor allem aber langweilig. Schließlich kann jede und jeder Business machen – und Business hat mehr mit dem Brettspiel *Risiko* zu tun als mit großen Plänen und Banketten. Diesem lebendigen Charakter von Business wollten wir entsprechen: Dies sollte ein einladendes, in der Darbietung spielerisches und doch inhaltlich ernsthaftes, kompaktes Buch werden.

Nicht um falsch oder richtig geht es bei Komplexithoden. Sondern um die Frage: Was passt in die Zeit? Es geht uns in diesem zweiten Band zur lebendigen Organisation in Komplexität nicht darum, die Welt neu zu erfinden. Oder um Vollständigkeit. Komplexithoden sind Werkzeuge, die unseren Vorstellungen und Werten von zeitgemäßer Unternehmensführung, neuen Arbeitswelten und funktionierender BWL gerecht werden. Wir wollen Ihnen ein Buch an die Hand geben, das neues Denken begreifbar macht, in den Zusammenhang stellt und Lust macht zu handeln.

Es sind Inspiration und ernsthafte Freude, die wir Ihnen anbieten möchten. Der Illusion von Change wollen wir eine Veränderung der Wirklichkeitskonstruktion entgegensetzen. Wir hoffen, Ihnen, liebe Leserin, lieber Leser, ein Buch zu bieten, das zugänglich ist, Kopf und Herz anspricht und sogar zum Lernen anregt. **Lassen Sie uns wissen, was Sie daraus machen.**

Kapitel

1 Das sind Komplexithoden

Lebendige Organisationswerkzeuge für eine dynamische Welt

Der Unterschied zwischen Blau und Rot

Kompliziert ist nicht gleich komplex!
Die wichtigste Unterscheidung zum wirksamen Umgang mit Dynamik in Arbeit und Unternehmen ist die zwischen „Blau und Rot": Zwischen „tot und lebendig", zwischen kompliziert und komplex. Sie wird uns über dieses Buch hinweg begleiten.

*   **Kompliziertheit ist das Maß unserer Unwissenheit.** Ein Problem (oder: „nicht ignorierbares Ereignis") ist kompliziert, weil wir es nicht verstehen. Weil uns Wissen fehlt. Das lässt sich durch Büffeln oder den Zukauf von Wissen beheben. Sie haben eine neue Maschine und wissen nicht, wie sie funktioniert? – Das Lesen der Betriebsanleitung kann helfen! Wenn wir dann wissen wie, wird das Komplizierte einfach oder trivial.

*   **Komplexität ist das Maß für die Menge der Überraschungen, mit denen man rechnen muss.** Je überraschungsreicher der Kontext, je mehr Ideen des Wettbewerbs uns treffen, desto mehr kann man von Komplexität sprechen. Hier kommt Dynamik ins Spiel: Sie ist die Menge der Überraschungen, die eine Organisation aushält.

Ist zuverlässig, genau, präzise, exakt

Ist von außen steuerbar

Das Zusammenwirken der Teile ist konstant

Ist lebendig, erzeugt Überraschungen

Ist von außen nur beobachtbar

Das Zusammenwirken der Teile ist dynamisch

Wertschöpfung und Arbeit haben immer beides – „Blau" und „Rot". Mit „Rot" bezeichnen wir den lebendigen, dynamik-robusten Anteil von Arbeit und Unternehmensfunktionen, mit „Blau" den formalen und toten. Rote Funktionen können nur von Menschen erfüllt werden, blaue auch von Maschinen. Bei standardisierbarer Massenfertigung bestimmt das Blaue die Konkurrenzkraft, bei Wertschöpfung in Dynamik das Rote.

Aus Gewohnheit versuchen die meisten Unternehmen, beiden Typen von Problemen, roten wie blauen, mit Wissen zu begegnen. Blaue Herangehensweisen, Methoden, erweisen sich dabei meist als unterkomplex: Sie sind nicht ausreichend robust, um dynamische, rote Probleme wirksam zu bearbeiten. Wo viel Rot ist, dort kann man die Dinge nicht nacheinander abarbeiten. Und auch nicht sinnvoll vorhersagen. Wissen nützt hier wenig! Wenn man versucht, rote Probleme dennoch mit blauen Prozessen zu lösen, dann schwellen diese Prozesse an, werden träge und weniger leistungsfähig.

Blaue „Lösungen" und Werkzeuge wirken darum oft hilflos und unpassend. Sie schlackern oder entzünden sich. Wirkung erzeugen Sie höchstens zufällig. **Anders gesagt: Übertrivialisierung ist eine Form von Schlamperei.**

Das Einzige, was hier hilft, sind eigene Ideen. Die erhält man nur von Menschen, die in roten Situationen kreativ werden können und so Dynamik bewältigen. Wir nennen sie Könner. Bei roten Problem steht also die Frage *Wer kann es schaffen?* im Vordergrund, bei blauen Problem die Frage *Wie geht es?*
Das einzige „Ding" zum wirksamen Umgang mit Überraschung ist der Mensch.

{ **Kompliziertheit entsteht durch Mangel an Wissen. Komplexität durch Überraschung – ein wichtiger Unterschied. Kompliziert ist blau, Komplex ist rot.** }

Die Domänen des Blauen und des Roten (I)

kompliziert	komplex
formal, fixiert	dynamisch
tot	lebendig
Wiederholung	Überraschung
Maschine	Mensch
Regeln	Prinzipien
Standards, Prozesse	Könner
Wie funktioniert´s?	Wer kann es schaffen?
oben-unten	außen-innen
„Push"	„Pull"
permanent	temporär
Formalstruktur	Flow
Ziele	Optionen
Routine, Weisung	Kommunikation, Dialog
Fleiß	Ideen
Abläufe von Menschen befreien	Mensch und Abläufe integrieren
Chefs	soziale Dichte
Bürokratie	Gruppendruck
hierarchische Fremdsteuerung	marktliche Selbststeuerung
Top-Down-Kontrolle	teambasierte Selbstkontrolle
Informationsmacht	Transparenz
Weisung	Vereinbarung
Verantwortlichkeit	Verantwortung

{ **Komplexität kann weder gemanagt, noch reduziert werden. Man kann ihr nur mit menschlichem Können begegnen.** }

Die Domänen des Blauen und des Roten (II)

Organisationswerkzeuge	Methoden	Komplexithoden
Organisationsphilosophie	Management	Führung
Denken und Handeln	abgeteilt	vereinigt
Strukturgebend	funktionale Teilung	funktionale Integration
Mehrere Menschen sind	Gruppe, Gremium	Team
Menschen leisten	parallel	miteinander-füreinander
Substruktur	Ab-teilungen, Bereiche	Zellen
An der Macht	Manager: interne Referenz	Markt: externe Referenz
Führung	zentral, an Position geknüpft	dezentral, temporär
Organisation	zentralisiert-tayloristisch	dezentralisiert-föderativ
Hinreichendes Menschenbild	Theorie X	Theorie Y
Organisieren	Verwaltung, Steuerung	Führung
Problemlösung	Anweisung	Kommunikation
Stil	autoritär, laissez-faire	kollaborativ
Kompetenz	Wissen	Können
Qualifizierung	pauken	üben
Wertschöpfung	Prozess	Projekt
Umgang mit Gegenwart	planen	vorbereiten
Exzellenz	befolgen	verbessern
Kultur	Verhalten	Haltungen, Werte
Verhaltensstandard	patriarchalisch	unbedingt erwachsen

{ **Blau und Rot machen unterschiedliche Herangehensweisen für Problemlösung und Erfolg erforderlich. Mischformen sind problematisch: Menschen haben keinen Umschaltknopf.** }

Komplexithoden und Komplexideen

Die meisten Instrumente und Methoden sind Schablonen. Schablonen sind sehr praktisch. Man kann mit jeder aber nur eine einzige Form malen – ein Rechteck beispielsweise. Will man eine runde Form mit einer eckigen Schablone malen, dann wird es schwierig. Man braucht dann eine andere Schablone – oder einen anderen Malansatz – einen, mit dem man vielleicht alle Formen malen kann. So etwas ist dann eine Komplexithode.

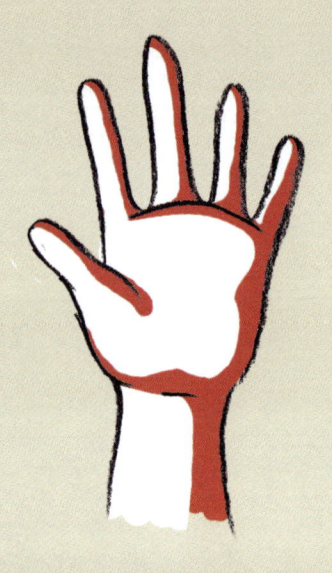

Es gibt viele vernünftige und effektive Organisationswerkzeuge. Entscheidend ist aber nicht das Werkzeug an sich, sondern seine Passung zum Problem. Nichts ist lähmender für eine Organisation, als kristallisierte, erstarrte Methoden – oder relativ „zu tote" Methoden, angewandt auf „zu lebendige" Probleme! **Organisationswerkzeuge müssen im Verhältnis zu den Problemen, auf die wir sie anwenden, angemessen komplex und sozial sein.** Was zeichnet Komplexithoden aus? Sie sind untrennbar von menschlicher Interaktion. Sie integrieren Denken und Handeln – und das ist keine Selbstverständlichkeit, wie wir später sehen werden.

Für dynamische, rote Probleme heißt das: Organisationswerkzeuge müssen neue, wirkungsvolle Beziehungen innerhalb des Systems schaffen – und damit Beziehungen höherer Qualität. Ist das gewährleistet, entsteht konstruktive Veränderung. Anders gesagt: **In hoher Dynamik ist hohe Beziehungsdichte das Wichtigste, das Werkzeug selbst wird zweitrangig.**

Komplexithoden erhöhen also Beziehungsdichte oder „soziale Dichte". Sie leisten das, indem sie im entscheidenden Moment einen Dialog zwischen Beteiligten sichern. Sie ermöglichen kommunikativ adäquate Reichweite, z.B. für Zusammenarbeit. Auch dann, wenn man nicht am gleichen Ort oder in großen Gruppen und großen Organisationen unterwegs ist.

Fragen Sie sich immer, wenn Sie es mit Change zu tun haben: Ist die Vorgehensweise, die wir einsetzen, tatsächlich der Lebendigkeit des Problems angemessen? Ist die Methode ausreichend dynamik-robust? Ist sie passend zur Fähigkeit des Problems, uns zu überraschen? Führt die Methode zu höherwertigen Beziehungen innerhalb der Organisation? **Eine Komplexithode ist so etwas wie ein „minimum viable product"** zweckmäßiger Organisation in Dynamik: Die kleinste mögliche Einheit, in der das Neue ins Leben kommt.

In diesem Buch sind Komplexithoden stets am weißen Seitenhintergrund erkennbar.

Eine Komplexidee ist ein Gedanke. Während die Komplexithode mit Handlung zu tun hat, hat die Komplexidee mit Einsicht, mit Erkenntnis zu tun. Die Komplexidee ist der Unterschied, der einen Unterschied macht, um mit Komplexität umgehen zu können. Das ist Bateson – angewandt.

Die Komplexidee ist zugleich der Zugang zur Sprache der Komplexität. Die alten Organisationsprobleme sind eingebettet in unsere alte Sprache – unsere Fähigkeit, uns auszudrücken und Phänomene in Unternehmen zu interpretieren. In Dynamik braucht es für Komplexität geeignetes Vokabular und Denkwerkzeuge: eben Komplexideen. Komplexideen eröffnen neue Perspektiven, und neue Möglichkeiten der Ausstattung von Organisationen. Eine Komplexidee ist ein Aha! Die Komplexithode ist ein Oho!

Komplexideen sind in diesem Buch an den blau hinterlegten Seiten erkennbar.

{ **In Dynamik und „rotem" Kontext reicht tote Methode nicht aus – es braucht Komplexithode. Denken und Sprache aus der blauen Welt helfen nicht weiter – es braucht Komplexideen.** }

Die Taylor-Wanne

Die Taylor-Wanne illustriert den historischen Verlauf der Entwicklung von Dynamik in der Wertschöpfung von Unternehmen – vom Manufaktur- über das Industrie- bis ins Wissenszeitalter. In vorindustrieller Zeit brachten rein lokale Märkte ohne echten Wettbewerb, Einzel- und Kleinserienauftragsfertigung, Werkstattfertigung, das Fehlen von Standards und extreme Wertschöpfungstiefe hohe Komplexität in der Arbeit mit sich. Der Handwerks- oder Meisterbetrieb mit seiner roten Wertschöpfung war darauf die Antwort. Im 19. Jahrhundert beginnt das Industriezeitalter – und mit ihm eine historische Ausnahmesituation.

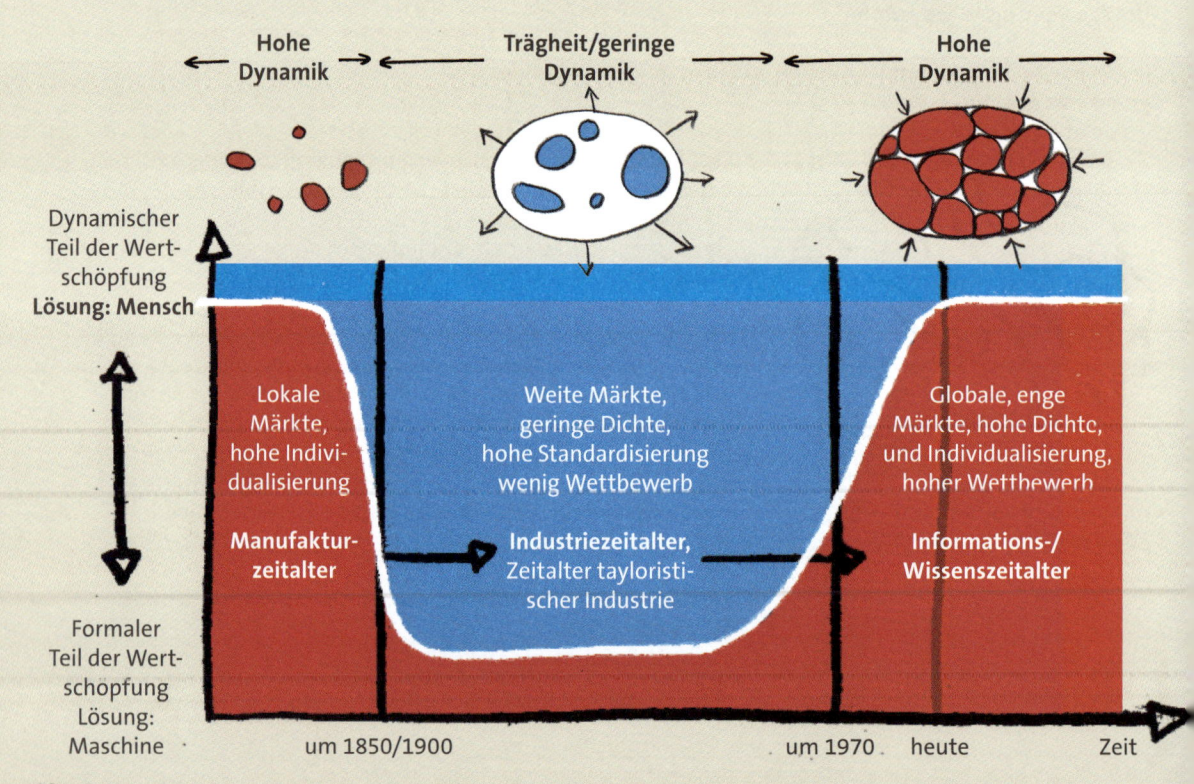

Es entstehen explosiv wachsende, weite, oligopolistisch-träge Massenmärkte – und damit gewaltiges Standardisierungspotenzial. In dieser Zeit beginnt das Blaue in der Wertschöpfung zu dominieren. Frederick W. Taylor liefert dazu eine blaue Lösung – das perfekte Organisations-Paradigma für diese Zeit: Seine epochale Idee ist die der strikten hierarchischen Abtrennung des Denkens vom Handeln sowie der konsequenten Steuerung des Unten durch das Oben. **Wir nennen diese Idee „Management".** Management oder Taylorismus erlaubt es, Komplexität weitgehend aus Wertschöpfung zu verbannen. Das war jedoch nur unter den Bedingungen jener Zeit möglich.

Die Zeiten ändern sich in den 1970er-Jahren. Mit dem aufkommenden Wissenszeitalter kehrt das Rote in die Wertschöpfung zurück: Unternehmen – kleine wie große – sind nun Dynamik ausgesetzt, die sie im Industriezeitalter nicht kannten. Statt des Blauen dominiert wieder das Rote in der Wertschöpfung. Tayloristische Organisationen beginnen unter ihrer Unzulänglichkeit im neuen Kontext zu leiden.

Heute ist beobachtbar, dass auf komplexe, rote Herausforderungen oft mit komplizierten, blauen Lösungen oder Methoden reagiert wird Das ist geübt – es ist trotzdem auf Dauer unzureichend. „Blaue Reflexe" sind typisch für den Übergang von der Industrie- zur Wissenszeitalter-Organisation. Die Übergangsphase dauert bis heute an, weil nur wenige Unternehmen den Übergang zu einem komplexitäts-robusten Organisationsmodell ohne Steuerung vollzogen haben. Tayloristische Organisationen, die bereits Konkurrenten haben, die mit Komplexität und Überraschung souverän umgehen können, haben derweil ein Riesenproblem.

Im Übergang von blauer zu roter Dominanz geht es darum, Überlastung zu überwinden – nicht Erfolglosigkeit. **Wir müssen rote Reflexe trainieren.**

{ **Wertschöpfung ist heute wieder dominant rot. Die meisten Unternehmen versuchen, rote Wertschöpfung mit Industriezeitaltermethode zu bewältigen. Das erzeugt organisationales Leiden. Der einzige Ausweg aus diesem Dilemma ist Arbeit am Organisationsmodell.** }

Krisen, optische Täuschungen, Schräglagen und Havarien

Organisationen, die den Unterschied zwischen der Domäne des Blauen und der des Roten nicht verstehen, ihn nicht erkennen oder ihn ignorieren, fangen an, sich mit komischen Dingen zu beschäftigen. Weil bei der Anwendung blauer Methode auf rote Probleme die Wirkung ausbleibt, wird dann immer mehr vom Gleichen gemacht. Ergebnis sind geschwollene, entzündete Prozesse ohne jede Chance, mit dynamischen Störungen fertig zu werden. Das nennen wir eine Havarie.

Tayloristische Organisationen neigen heute dazu, sich mit optischen Täuschungen, Projektionen und eigenen Wahrnehmungsfehlern zu beschäftigen, statt mit echten Problemen. Ein Beispiel für einen typischen Wahrnehmungsfehler ist der des „unmotivierten Mitarbeiters": Er mündet direkt in die Schuldzuweisung.

{ Post-tayloristische Unternehmen integrieren mithilfe von Komplexithoden Könner in ihre Abläufe. Sie schützen so auch ihre blauen Prozesse vor roter Dynamik. }

Wissen versus Können – und die zwei Formen von Lernen

Es gibt zwei Arten von Lernen. Die eine nennen wir Büffeln, oft aber auch Studieren oder Pauken. Sie eignet sich zur Aneignung von Wissen. Zum Erwerb von Können indes reicht Büffeln nicht aus – es braucht reflektierte Erfahrung in Form von Üben bzw. disziplinierter Praxis. **Oft ist hierzu ein Meister erforderlich,** also jemand, der bereits ein Könner ist und in der Lage, Schüler anzuleiten.

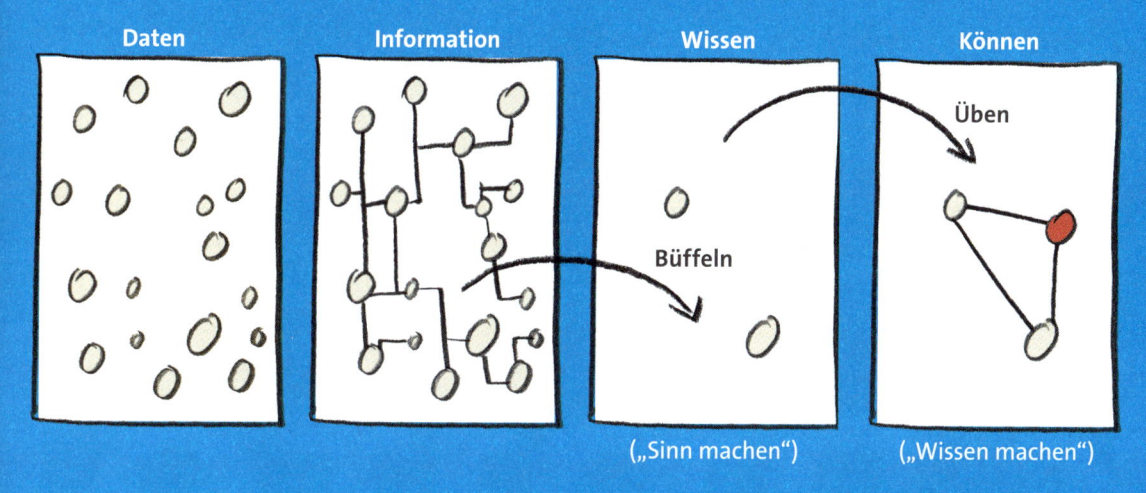

Daten | Information | Wissen | Können

Üben

Büffeln

(„Sinn machen") | („Wissen machen")

Zur Lösung bekannter Probleme reicht Wissen oft aus. Wissen ist aber ein Kind der Vergangenheit und kann in einer stetig sich wandelnden Welt nie die Zukunft sichern. Darum braucht es Können in der Domäne des Roten, um mit gänzlichen neuen Problemen umzugehen. Das wiederum haben nur Könner – also geübte Menschen mit Ideen.

{ Information ist übertragbar – dafür genügen Maschinen. Wissen entsteht durch Büffeln. Können dagegen entsteht nur durch Üben. }

Kapitel

2 Handwerkszeug für Komplexithoden

Die praktisch-theoretischen Grundlagen

Von zentraler Steuerung zur Dezentralisierung

Organisationen sollten nicht flach sein, sondern dezentralisiert. „Flach" ist nur eine Verlängerung des Holzwegs. Denn in „Flach" bleibt es bei Steuerung von oben nach unten. Wendet sich die Organisation nicht dem Markt zu, wächst Mittelmanagement immer wieder nach. Nur in „Dezentralisiert" verschwindet der Grund, überhaupt welches zu haben. Werden Selbstorganisation und Führung von außen nach innen möglich.

In Komplexität muss Organisation föderativ sein. Wenn außen Markt regiert, ist es innerhalb der Organisation die Peripherie, die Geld verdient, am Markt lernt, sich schnell und intelligent anpassen kann. Das Zentrum verliert seinen Kompetenzvorsprung – es kann kaum noch nützliche Anweisungen geben, Steuerung kollabiert. Kopplung zwischen Peripherie und Zentrum muss entsprechend so gestaltet sein, dass es möglich ist, Marktdynamik aufzunehmen und zu verarbeiten. **Dazu muss die Peripherie das Zentrum marktlich steuern und Ressourcenhoheit besitzen.**

Im Prinzip der Dezentralisierung geht die Rückgabe von Autonomie und Entscheidungshoheit an die Peripherie immer weiter. Dezentralisierung hört niemals auf.

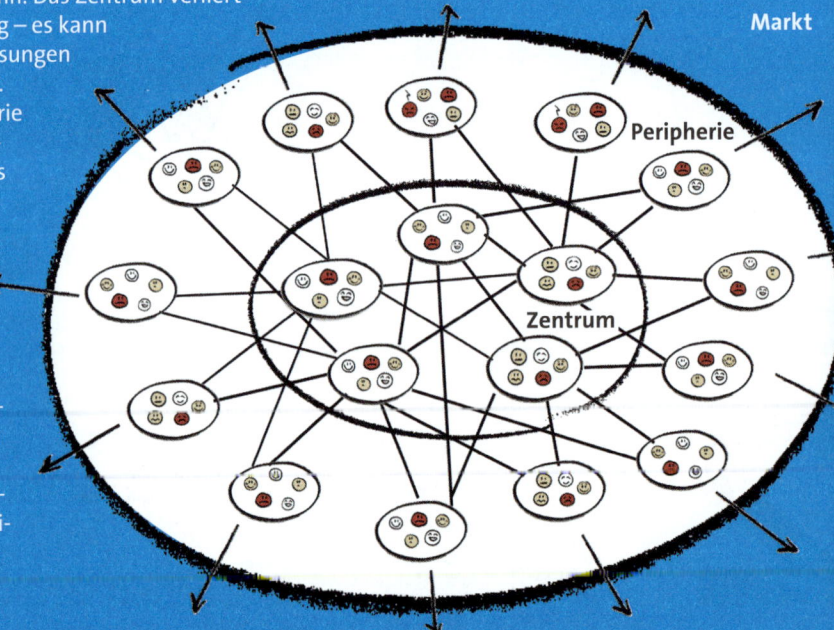

Markt

Peripherie

Zentrum

{ **Zentralisierung in Komplexität bedeutet: Das Zentrum wackelt mit der Peripherie.** }

Theorie X versus Theorie Y

Bereits 1961 machte Douglas McGregor auf den Unterschied zwischen den zwei Menschenbildern aufmerksam , die wir in unseren Herzen mit uns herumtragen. Er nannte sie „X" und „Y": Zwei unterschiedliche Vorstellungen von der Natur des Menschen. Bis heute ist McGregors Unterscheidung gründlich missverstanden. Das mag daran liegen, dass beide Menschenbilder sich selbst zu bestätigen scheinen.

Theorie X: Menschen arbeiten nicht gern, versuchen Arbeit zu vermeiden, müssen extrinsisch motiviert, verführt, gezwungen werden

Erzwingt Management – „Führung" degradiert zu Weisung und Kontrolle

Mündet in Verhaltenskontrolle, Behaviorismus

Begründet autoritären Herrschaftsanspruch über andere

Kleinteilige Vorgaben und Kontrollen führen zu passivem Arbeitsverhalten und Demotivierung

Ist ein Vorurteil über andere Menschen – und reine Fiktion!

Theorie Y: Menschen müssen zwar arbeiten, streben dabei aber nach Selbstentfaltung. Sind intrinsisch motiviert und *wollen* leisten

Ermöglicht Führung – als Gestaltung der richtigen Bedingungen

Humanistisch-aufgeklärtes Menschenbild

„Unbedingt erwachsener Umgang"

Selbstbestimmtes Arbeiten und Raum für Selbstverwirklichung führen zu Engagement, Kreativität und Verantwortungsbereitschaft

Es gibt nur diesen Menschen. Aber jeder Y-er kann sich „angepasst X-ig" verhalten!

{ **Auch Rückstände des X-Menschenbilds ziehen hierarchisch-bürokratische Organisation nach sich. Nur wer 100% der anderen ihr Y zutraut, kann Organisationen schaffen, die menschliches Potenzial heben.** }

Organisationsphysik:
Die drei Strukturen Ihrer Organisation

Jede Organisation hat drei Strukturen.

Die Formelle Struktur ist von Natur aus blau. Ihre Aufgabe ist die Sicherung von Gesetzmäßigkeit oder „Compliance" für die Organisation: Die Ausfüllung des gesetzlich vorgesehenen Gestaltungsraums. Verträge gehören dazu. Buchhaltung und Rechnungslegung. Formelle Funktionszuordnung wie Geschäftsführung, Prokura, Betriebsrat, Aufsichtsrat oder Datenschutzbeauftragter.
Dies ist die existenzielle Aufgabe Formeller Struktur im Rahmen von Rechtsstaatlichkeit.

Darüber hinaus kann Formelle Struktur aber auch zur Ausübung interner Macht verwendet werden. Das sind die Linien im Organigramm. Es ist hier, bei der Machtausübung, wo das Problem anfängt. Denn interne, formelle Macht oder Hierarchie, ist der Feind von Komplexität.

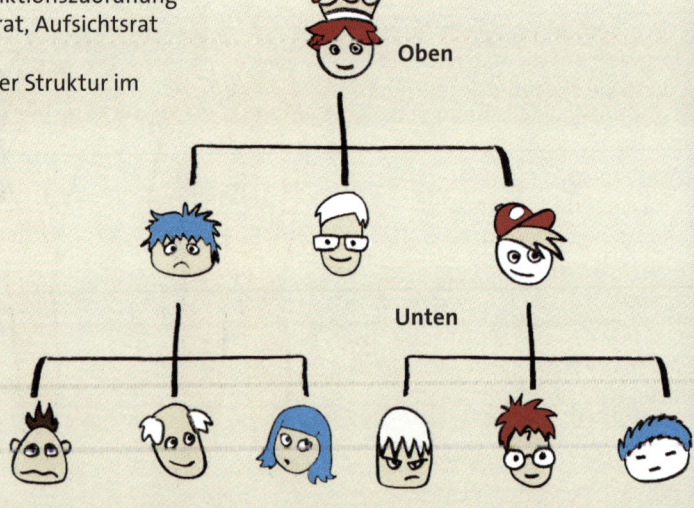

Oben

Unten

{ **Formelle Struktur ist notwendig für Compliance. Das war's.** }

Informelle Struktur ist weder gut noch schlecht. Sie ist. In ihr organisiert sich das Soziale der Organisation. Das Soziale ist Komplexität pur und unfassbar lebendig. **Informelle Struktur ist hochgradig rot.**

Es geht hier immer um Personen, um die Individuen, und wie sie sich zueinander stellen. Wen kenne ich? Wer mag mich? Wer hat ähnliche Interessen – oder war auf meiner Schule?

Die Macht, die in Informeller Struktur entsteht und ausgeübt wird, nennen wir Einfluss.

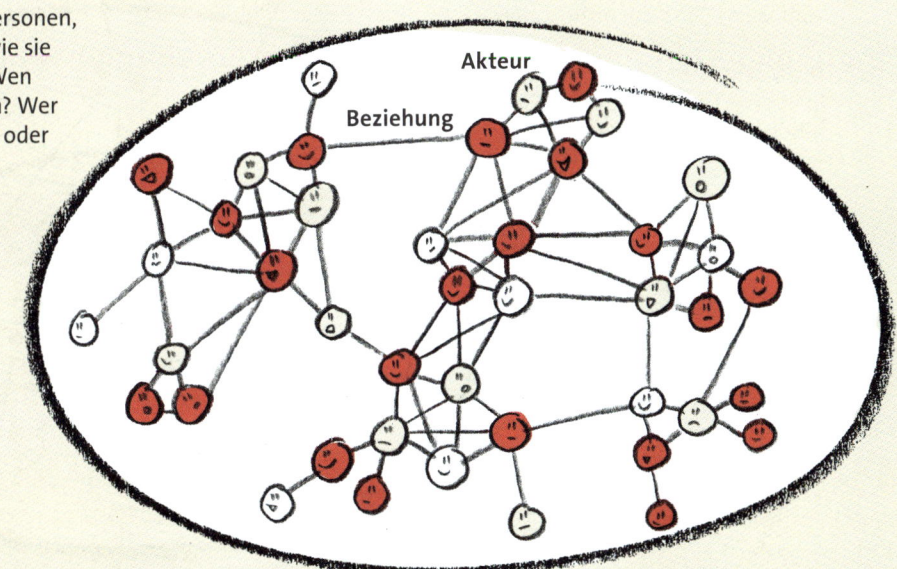

{ **Informelle Struktur ist dort, wo das soziale Netzwerk einer Organisation sich ausprägt.** }

Die Wertschöpfungsstruktur ist der einzige Ort einer Organisation, an dem Leistung und Erfolg entstehen können. Wie wir gesehen haben, muss Wertschöpfungsstruktur heute wieder mit dominant roter Wertschöpfung umgehen. Markt ist an der Macht.

Wertschöpfung entsteht im Miteinander-Füreinander zwischen Akteuren und Zellen. Sie ist niemals Ergebnis individueller Aktivität. Sie fließt von innen nach außen – vom Zentrum über die Peripherie hin zum Markt. Sie kann nicht anders.

Die Macht, die einzelne Akteure in der Wertschöpfungsstruktur ausüben, die Macht der Könner, nennen wir Reputation.

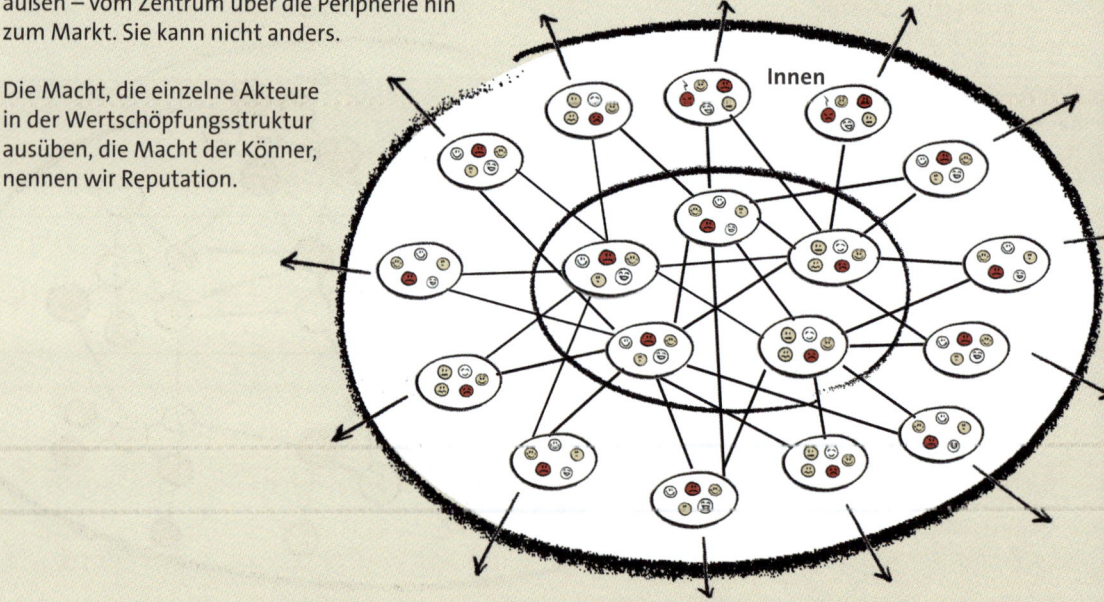

{ **Wertschöpfungsstruktur ist, wo Arbeit stattfinden kann. Es ist dort, wo netzwerkhaft Leistung entsteht.** }

Die Strukturen der Organisation sind nicht unverbunden – sie interagieren ständig. Ihre Balance untereinander ist entscheidend für organisationale Wirksamkeit und Leistungsfähigkeit. Zu viel Hierarchie: dann leidet Wertschöpfung. Informelle Struktur reagiert absichernd, politisch, verhindernd. Ausufernde Informelle Struktur: Wertschöpfung wird instabil, formelle Struktur sanktioniert Mobbing. Wertschöpfungsstruktur ohne Compliance: Dann wird alles gemacht, was möglich ist – im Extremfall toleriert man Kinderarbeit und lässt Korruption freien Lauf.

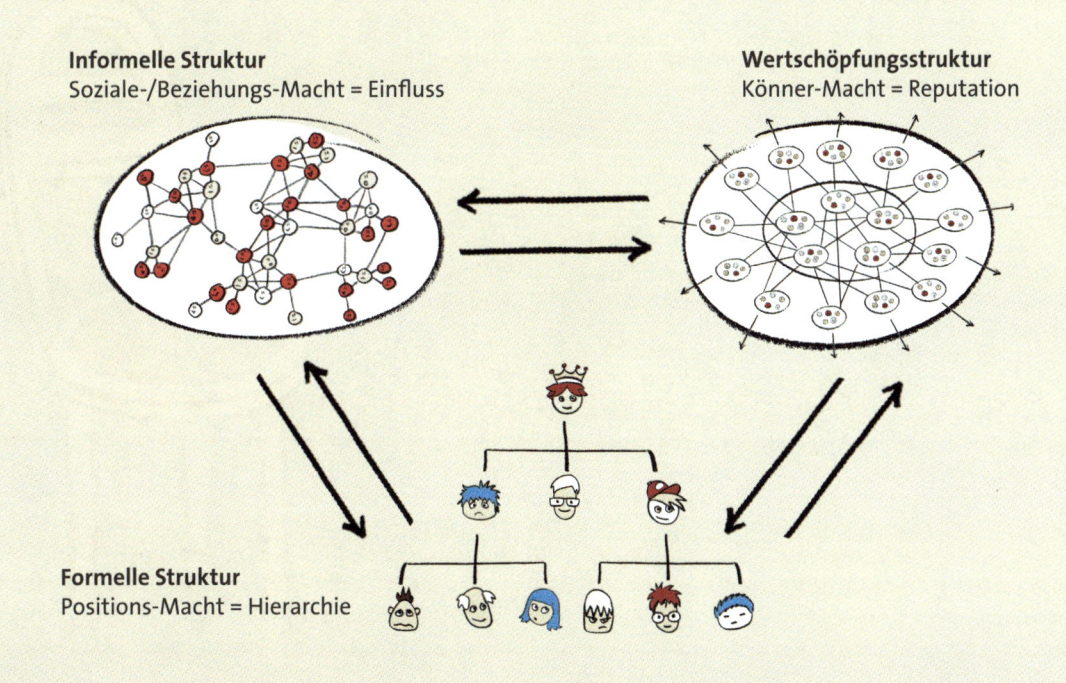

Informelle Struktur
Soziale-/Beziehungs-Macht = Einfluss

Wertschöpfungsstruktur
Könner-Macht = Reputation

Formelle Struktur
Positions-Macht = Hierarchie

{ **Die drei Strukturen der Organisation fallen übereinander her.** }

Die drei Formen von Führung

In allen drei Strukturen der Organisation kann Führung stattfinden – Führung hat eine formelle, eine informelle und eine wertschöpfungsbezogene Dimension.
Auf diesen drei Beinen kann eine Organisation stehen:

- Führung in Formeller Struktur nennen wir Compliance-Führung
- Führung in Informeller Struktur nennen wir Einfluss-Führung
- Führung in Wertschöpfungsstruktur nennen wir Reputations-Führung

Man kann nicht gleichzeitig Führung wollen und formelle Macht (Hierarchie) ausüben: Formelle Macht, die über die Compliance hinausgeht, erodiert die drei hier genannten Formen der Führung.

Führung kann in diesem Sinne als ein interaktiver Prozess verstanden werden, in dem sich eine Organisation auf eine einheitliche innere Frequenz einstimmt – also Resonanz schafft.

Führung hängt nicht an der Person. Die Vorstellung von der Führungskraft als Helden oder „jemandem, der führt" passt nicht in die Zeit. Sie passt nicht, weil Führung nur in Interaktion entsteht und prinzipiell jeder an dieser Interaktion beteiligt ist.

Führungskräfte sind keine Helden und sollen auch keine sein. Denn die Sehnsucht nach Führungshelden ist immer kindlich: Verbunden mit dem Wunsch nach Stabilität und Sicherheit.
Willkommen in der Welt der Dynamik!

{ **Personelle Führung wird notorisch überschätzt.**
Organisationale Führung ist wohl noch in der Pubertät. }

Alpha versus Beta – Management versus Führung

Organisationsmodelle kommen in zwei Basis-Konfigurationen vor. Wir nennen sie Alpha und Beta. Alpha ist bis heute der Standard – das ist aus historischer Sicht erklärbar und nachvollziehbar, wie wir gesehen haben. Nur ist Alpha nicht zukunftsfähig.

Alpha ist ein Monstrum: Es versucht, roter Wertschöpfung mit tayloristischen Mitteln beizukommen. Es ignoriert Dynamik. Es hat den Fokus auf Effizienz und Innen, statt auf Komplexität und Außen. Es ist für X- statt für Y-Menschen ausgelegt. Es hält die Dominanz Formeller Struktur für zwingend nötig, um Wertschöpfung zu erzeugen. Es will planen, steuern und kontrollieren. **Alpha ist die gemanagte Organisation.**

Beta – die Einzeller-Variante; schön für Kleine

Alpha – der Klassiker; kann sich heute kein Eigentümer mehr leisten

Beta – die Mehrzeller-Variante; eigentlich alternativlos

 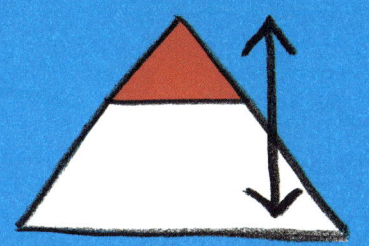 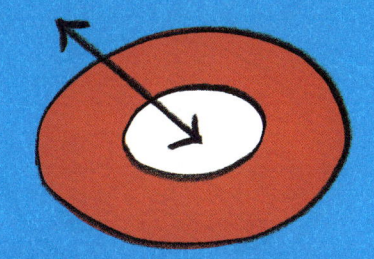

Die geführte Organisation ist Beta. Sie gönnt sich ein Organisationsmodell, das zur heutigen Zeit passt. Wertschöpfungsstruktur und Informelle Struktur dominieren. Marktdynamik wird mit menschlichem Können begegnet. Y-Menschen können Persönlichkeiten sein. Alle führen.

{ **Wir stehen vor einer Renaissance der Unternehmensführung – von Alpha zu Beta.** }

Vom Naiven Beta zum Erwachsenen Beta

Was hält das pfiffige Startup davon ab, vom Ein- zum Mehrzeller zu werden?
Unternehmerische Informalität und Dezentralisierung von Entscheidung aufrechtzu-
erhalten? Hierarchische Verkrustung und Bürokratie zu umgehen?

Die Antwort lautet: Seitenwind. So wie eine starke Windböe einen Radfahrer quasi
aus dem Nichts umfegen kann, werden aufregende, coole Startups irgendwann zu
gewöhnlichen, langweiligen Alpha-Buden. Auslöser dafür ist kein aktiver Wunsch,
sondern das eigene Wachstum, aber auch Krisen. Irgendwann ertönt der Schrei nach
„Professionalisierung": Ein Reflex, der sich tagtäglich in Tausenden von Startups vollzieht. Dann werden ruckzuck fremde Best Practices kopiert, Berater geholt, Prozesse
und Regeln aufgestellt, formelle Strukturen eingezogen. Alles, um dem vermeintlichen
„Chaos" zu begegnen. Mithin: Viele heute nutzlose Management-Rituale und -Glau-
benssätze werden eingepflanzt. Alle anderen machen es ja auch so.

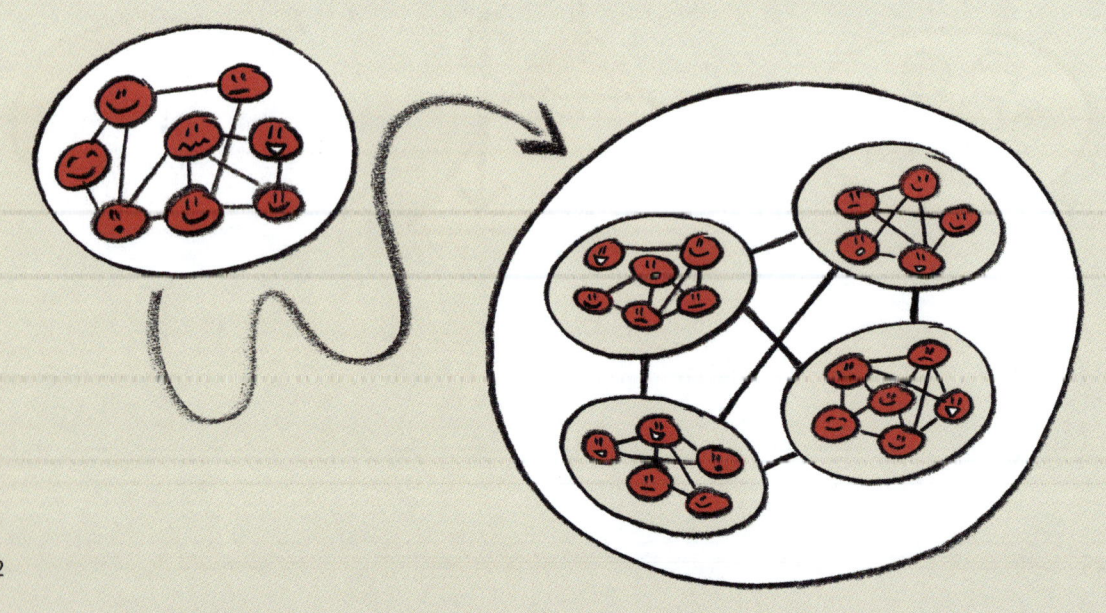

Unter Stress greifen Startups reflexhaft hinein in das, was man als organisationale Mottenkiste bezeichnen könnte. Irgendwann fragt man sich dann: Waren wir das wirklich selbst?

Konzerne, große Unternehmen und Verwaltungen sind nicht bürokratisch, weil das jemand so wollte. Startups indes sind so etwas wie naive Beta-Organisationen. Sie haben üblicherweise nur eine vage Vorstellung davon, was sie erfolgreich macht. Gerne schreiben sie darum ihren Erfolg und ihre Höchstleistung ihren vermeintlich überlegenen Produkten oder einem dem Anschein nach „guten" Geschäftsmodell zu. Statt ihrer Fähigkeit, wirksam mit Komplexität umzugehen.

Früher oder später wird jedes erfolgreiche, wachsende Startup durch die Kombination aus externer Dynamik und eigener Größe „zerlegt" und zur Ausdifferenzierung gezwungen. Es reagiert auf diese Zerlegung entweder mit Hierarchisierung und funktionaler Differenzierung – das ist der Weg ins Alpha-Modell oder ins tayloristische Management, in die Kultur von Weisung und Kontrolle und letztlich (unter heutigen Marktbedingungen) ins Steuerungsversagen. Oder es reagiert mit der Vertiefung eines unternehmerischen, agilen „Beta"-Organisationsmodells – durch sukzessive Zellteilung und nachhaltige Dezentralisierung von Entscheidungen. Wir nennen das Erwachsenes Beta. Nur wenige Pionierunternehmen haben in der Vergangenheit diesen Weg gemeistert.

{ **Beta verleiht auch großen Organisationen jene Beweglichkeit, die heute Privileg der kleinen Firmen ist.** }

Vom Tisch zur Tafel

In Startups und in kleinen Unternehmen läuft die unmittelbare, persönliche Kommunikation meist gut: Jeder kennt jeden, jeder kann sich mit jedem austauschen. Es ist, als würden alle an einem einzigen runden Tisch sitzen — jeder kann den anderen hören und ihm in die Augen sehen. Wenn nötig, kann man über den Tisch greifen und den anderen anfassen.

Wird eine Organisation größer, dann muss, damit alle Platz finden, der runde Tisch zur Tafel erweitert werden. Hier hört und sieht man nur noch einen Teil der Kollegen. Es braucht vielfältigere, andere Rituale, Formen und Gelegenheiten der Kommunikation. Kommunikative Reichweite braucht Vielfalt an Methoden, Betonung und Ansprache. Sonst bleibt es bei der kommunikativen Sackgasse: Der Tischrede des Tafelvorsitzenden — mit anschließendem Getuschel.

{ **Erwachsenes Beta bedarf angemessener kommunikativer Reichweite. Jede Komplexithode ist Lieferant solcher Reichweite.** }

Vorderbühne und Hinterbühne

Organisationen sind wie Theater. Sie verfügen über eine Vorder- und eine Hinterbühne. Die Vorderbühne ist bewusst ausgeleuchtet. Sie ist der Ort des „Offiziellen", des für alle Sichtbaren. Es gibt eine bewusste Entscheidung, dorthin zu treten. Organisationsmitglieder folgen dort vorgegebenen oder improvisierten Rollenmustern. Das heißt aber nicht, dass sie „nur Theater spielen" – sie identifizieren sich oft mit diesen Rollen.

Licht und Bühnenbild – die Rahmeninszenierung der Organisation – dienen auch dazu, die Hinterbühne unsichtbar zu machen. Sie nimmt den größeren Raum ein, hier spielt sich eine Menge ab. **Sie ist der Ort des „Inoffiziellen", des nur für Beteiligte und Eingeweihte sichtbaren Geschehens.** Dort fühlt man sich unbeobachtet. Nur auf der Hinterbühne sind darum auch die Tabus der Organisation zu finden – und jede Organisation hat Tabus.

Die Hinterbühne zu verstehen, ist wesentlich für Veränderung. Allerdings liegt dieser Teil der Organisation im Dunklen. Es bedarf oft der List, um sie sichtbar zu machen, um ein wenig Licht darauf zu werfen. Hilfreiche Taschenlampen für die Hinterbühne sind Organisationswerkzeuge wie die Kulturbeobachtung, rote Interviews und lernende, verkettete Gespräche.

> **Das Spiel auf Vorder- und Hinterbühne passt immer zueinander. Die Frage ist, ob dabei Performance entsteht.**

Kapitel

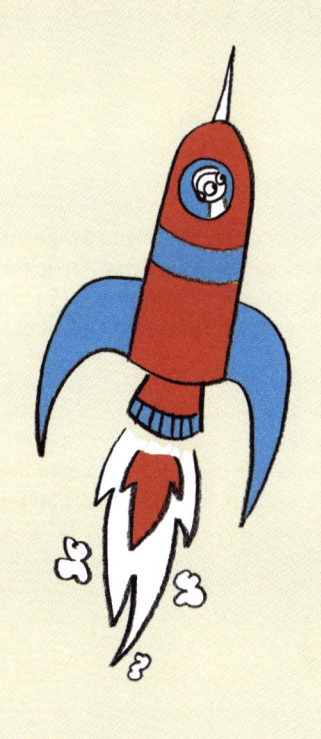

3 Komplexithoden für Leistung

Der Wertschöpfung Flügel verleihen

Brief An Uns Selbst & Selbstbeschreibung

Als Startup-Team geht man, wenn Dinge im Miteinander unklar zu werden drohen, gemeinsam in die Kneipe. Dort diskutiert man Probleme miteinander aus – im Zweifel nächtelang. Verschriftlichung ist „Kneipe" – für große Gruppen und größere Unternehmen.

Verschriftlichung dient der Selbstbeschreibung – der Klärung von Identität. Sie ist ein wirkungsvolles Vehikel, um die dazu nötige Denk- und Kommunikationsarbeit zu organisieren. Sie ist idealer Kern für robuste, kontinuierliche Bewusstseinsarbeit. Mit vielen oder auch sehr vielen Menschen. **Jede Organisation jenseits der Startup-Phase sollte irgendwann mit der Verschriftlichung beginnen.**

Das Ergebnis der Verschriftlichung kann eine „Kulturchronik" sein, ein Manifest oder eine Charta. Wir nennen das Produkt den „Brief An Uns Selbst": Ein längeres, nachdenklich-ernsthaftes Schriftstück von vielleicht zehn bis dreißig Seiten, das Einordnung der Vergangenheit, der Situation im Jetzt und von Perspektiven für die Zukunft ermöglicht. Es geht um konstruktives Sicherinnern. Aber auch die Zuspitzung von Dringlichkeit für notwendige Veränderung.

Ein Brief An Uns Selbst hat mit Marketing und Vermarktung nichts zu tun: Er soll persönlich sein und kollektive Einsicht schaffen oder verstärken. Damit das gelingen kann, muss ein Brief An Uns Selbst von einer Gruppe formuliert werden – nicht von einer einzelnen Person. Schon der Diskurs zum Brief und die Entwurfsfassungen sind ein Ergebnis! Auch Zwischenentwürfe („Beta-Versionen") sollten allen Organisationsmitgliedern zugänglich sein, um Gedanken, Beiträge, Ideen, Bedenken aufnehmen zu können.

Am Ende isst das Auge mit. Liebevolle Aufbereitung des Briefs in seiner „nicht abschließenden Schlussversion" in unterschiedlichen Formaten (als Print-Buch etwa) unterstreicht seinen Symbolcharakter.

> **Der Brief An Uns Selbst ist Ausdruck von Wertschätzung der Organisation sich selbst gegenüber – und gegenüber den Menschen, die in ihr arbeiten.**

Geschäftsmodell und Organisationsmodell

Unternehmen sind wie Spiegeleier:
Sie haben immer zwei Modelle – ein Geschäftsmodell und ein Organisationsmodell.

Das Geschäftsmodell:
Der Teil vom Ei, der „okay" schmeckt

Das Organisationsmodell:
Der schmackhafte Teil vom Ei

Selten bewusst gepflegt, oft vernachlässigt – das führt zu Weisung und Kontrolle („Alpha") oder Laissez-faire

Oft mit dem Begriff „Strategie" belegt

Oft: Die organisationale Hinterbühne

Tools z.B. Budgetierung, Management by Objectives, Mitarbeitergespräche, Organigramme ... oder Relative Ziele, Interne Märkte

Tools z.B. Businesspläne, Restrukturierung, Produktmanagement, Key Accounting, Geschäftsbereiche, Profit Center ... oder Business Canvasses, Zellstruktur, Offene Bücher

„Unsere Produkte machen uns erfolgreich."

„Unsere Kultur macht uns erfolgreich."

{ **Je gesünder das Ei, desto weniger zerläuft es in der Pfanne.** }

Strategie versus Sphäre der Geschäftstätigkeit

Strategie war der Edel-Managementbegriff der 70er- bis 2000er-Jahre. Entsprechend wurde alles strategisiert: Planung, HR, Produktentwicklung, Marketing, IT – und natürlich Beratung. Vorbei. Dynamik überholt jede Illusion von 3- bis 5-Jahresplänen, der Trennung zwischen Lang- und Kurzfrist, der Vorhersehbarkeit und Kontrollierbarkeit. Strategie war gestern.

Dynamik erfordert Lebendigkeit und Beweglichkeit. Diese wiederum verlangen Klarheit und Verbindlichkeit innerhalb der Organisation. **Die Sphäre der Geschäftstätigkeit ist die Abgrenzung zum Markt,** sie klärt das Innen und Außen. Sie erklärt gemeinsame Identität. Sie ist die notwendige Begrenzung für Selbstorganisation.

Zur Sphäre der Geschäftstätigkeit gehört das Geschäftsmodell – das, „was wir wo und wie anbieten" und warum. Das beinhaltet den Zweck der Organisation. Außerdem: Gemeinsame Prinzipien – das, was wir immer beherzigen oder niemals tun werden. Manche nennen das „Werte".

{ **Wenn alle immer denken, einordnen, vereinbaren, braucht keiner Strategie.** }

Relative Ziele

Fixierte Ziele, Management by Objectives, Cost- oder Revenue-Center sind immer nur Krücken, die den Markt nicht ersetzen können. Sie engen Optionen und unternehmerische Wahrnehmung ein. Für denkende Menschen wirken sie wie Scheuklappen. Performance-Systeme ohne Zielvorgabe oder -verhandlung, ohne jede Form von Planung mögen angesichts der Verbreitung dieser Methoden vielerorts unvorstellbar erscheinen. Angesichts roter bzw. von Überraschung geprägter Märkte ist der Verzicht auf Plan, Budget und Zielverhandlung aber der einzig professionelle Weg für den wirksamen Umgang mit Zukunft und Leistung, Orientierung und Teamverantwortung, Verbesserung und Performance-Messung.

Man könnte sagen: **Es gibt unter Unsicherheit keine schlechtere Art der Leistungsbeurteilung als den Plan-Ist-Vergleich.**

Die dynamik-robuste Alternative ohne konventionelle Steuerungsfunktion, die wir „Relative Ziele" und Relative Leistungsverträge nennen, mag zunächst märchenhaft erscheinen. Ziel- und Performance-Systeme werden durch die Abkehr von Zielvereinbarung und planbasierter Nabelschau aber erst angemessen markt- und realitätsbezogen, flexibel und anpassungsfähig. Weg von der Diktatur der Ziele hin zu Zielen, die Teams dienen.

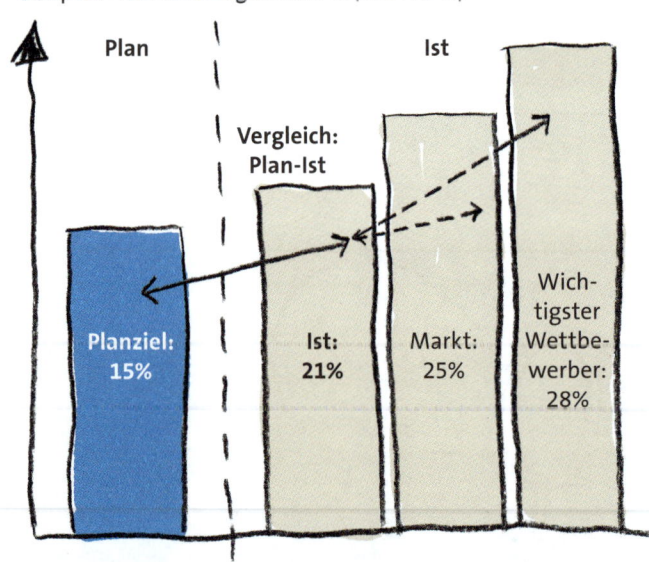

Fixierte, vorgegebene/verhandelte Ziele
Beispiel: Absolutes Ergebnis in % (hier: 15 %)

Plan — Ist

Vergleich: Plan-Ist

Planziel: 15%

Ist: 21%

Markt: 25%

Wichtigster Wettbewerber: 28%

Markt und Wettbewerb werden systematisch ausgeblendet („Alles ist super, Ziel erreicht!") zugunsten von Vorhersage und interner Verhandlung.

Fixierte Ziele wollen individuelle Menschen und Gruppen durch Vorgabe unter Kontrolle bringen und Verhalten beeinflussen. Relative Ziele wollen Teams befähigen, sich jederzeit unternehmerisch einzuschätzen, um dann „selbstständig und intelligent im Sinne des Ganzen" entscheiden und handeln zu können. Mit der Absicht, kontinuierliche, selbstorganisierte Verbesserung innerhalb funktional integrierter Teams anzuregen. Relative Ziele urteilen nicht. Sie geben Hinweise und werfen Fragen auf, die Teams sich selbst beantworten müssen. Relative Ziele sind Pforten für den intelligenten Umgang mit Optionen und für das Empowerment von Teams.

Relative Ziele verzichten auf vorab festgelegte Zukunftswerte. Also auf fixierte Vorgaben, Prognosen, verhandelte Planzahlen, Leistungsversprechen nach außen („Earnings Guidance") oder innen („Management by Objectives"). **Stattdessen setzen sie erreichte Leistung in Beziehung zu internen oder externen, stets aber „realen" Vergleichsleistungen: Team zu Team – Ist mit Ist.** Die Teamebene muss die kleinste Maßeinheit bleiben: Weil organisationale Wertschöpfung, blaue wie rote, niemals individuell ist, bedeutet jedes individuelle Ziel ein Attentat auf Wertschöpfung und denkende Mitarbeiter.

Relative, selbstjustierende Ziele
Beispiel: Relatives Ergebnis in % zum Markt

Relatives Ziel

Ist

Vergleich:
Markt-Ist

Wichtigster Wettbewerber: 28%

Ist: 21%

Markt: 25%

Vergleichsziel:
In % besser sein als der Marktdurchschnitt

Annahmen und Pläne spielen hier keine Rolle („Unsere Leistung lag 4 Prozentpunkte unter dem Wettbewerb. Warum?"); Ziele bleiben stets aktuell, relevant, anspruchsvoll, nüchtern.

{ **Relative Ziele erkennt man daran, dass keine interne Verhandlung nötig ist.** }

Relative Leistungsmessung

Berichte und Leistungsmessung, Kennzahlen, Metriken und Indikatoren – das alles kommt ganz ohne Planung, Prognose und Abweichungsanalyse aus. Die Bezugspunkte von Leistungsvergleichen verändern sich in „relativer" Performance-Technologie allerdings fundamental.

- Vom Vergleich zum Plan **hin zum „Ist-zu-Ist"-Vergleich.** Das heißt hin zur Betrachtung im Vergleich zu Vorperioden („März versus März des Vorjahres"). Zusätzlich können Teams ihren eigenen Fortschritt in Beziehung zu selbst gesteckten Mittelfristzielen mit zwei bis drei Jahren Zeithorizont beobachten.

- Von der Verhandlungs- und Innenperspektive **hin zum externen Vergleich gegenüber Kollegenteams, externen Wettbewerbern und anderen Benchmarks;** aufbereitet in Form von Rankings oder grafischen Momentaufnahmen.

- Vom am Fiskaljahr orientierten Jahresbezug **hin zur marktrelevanten Trendbetrachtung.** Das heißt der Beobachtung längerer Zeitreihen und „gleitenden" Berichten mit stets mitlaufenden Referenzperioden („Die letzten 36 Monate, rollierend") und Periodenbezug nach Bedarf („Die letzten 15 Monate"). Quar-

Team	Kennzahl	Firma	Kennzahl
Region G	7%	Wettbewerber A	31%
Region E	7%	Wettbewerber E	24%
Region B	6%	Wettbewerber C	20%
Region F	4%	Wir	18%
Region A	3%	Wettbewerber B	13%
Region D	3%	Wettbewerber D	12%
Region C	1%	Wettbewerber G	10%
Region H	0%	Wettbewerber F	8%

Team-Rankings („Liga-Tabellen") intern/extern

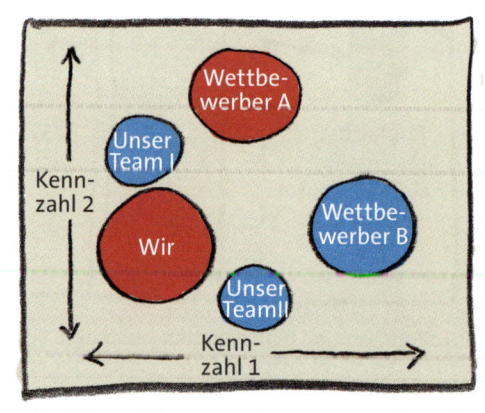

Blitzlicht mit internen/externen Benchmarks

tals- und Jahresbetrachtungen werden ausschließlich zur externen Rechnungslegung genutzt!

- Vom finanziellen Detailbericht auf Gruppenebene sowie Input- und Prozessvorgaben („Budget", „Zahl der Stunden", „Stückzahl") **hin zur Messung von Teamergebnissen („Kosten über Umsatz") und verdichteten Schlüsselindikatoren aller Art („Kundenzufriedenheit").**

Relatives Reporting wirft Fragen auf, statt Antworten zu geben. Es eröffnet einen transparenten, ungeschminkten Blick auf reale Situationen und ihre Komplexität. Motivierung, Rechtfertigung und zyklischer Druck auf individuelle Mitarbeiter werden durch konstante Herausforderung für Teams in der marktnahen Peripherie und im Zentrum ersetzt.

> **Die Rolle des Top-Managements in einem System relativer Leistungsmessung: Vor allem, die Hände bei sich zu behalten. Auf relative Messung folgt Dialog im Team, nicht Urteil durch Chefs.**

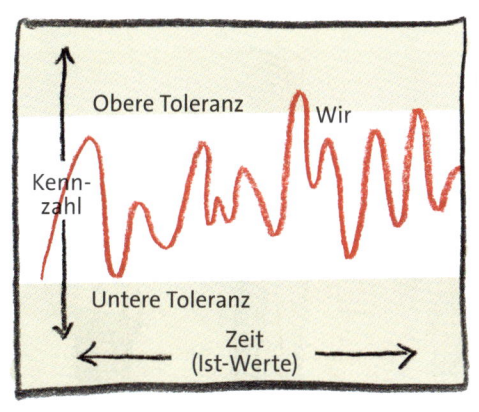

Trendbetrachtung mit Toleranzbereich

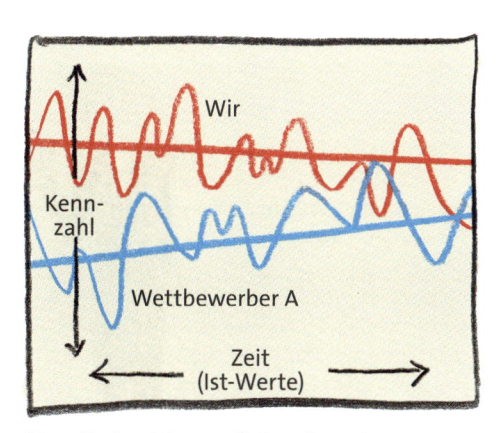

Trendbetrachtung mit Benchmark

Relative Grundgehälter

Gleiche Löhne und Gehälter können ganz schön ungerecht, unangemessen und verzerrend sein. Menschen sind nicht gleich, sie haben keinen gleichen Hintergrund, haben unterschiedliche Erfahrungen und Marktwerte, unterschiedliches Können. Sie haben auch verschiedene Bedürfnisse an Arbeit. Das Gleichheitsdogma passt also nur zu Positionen, die ein steuerbares, blaues Konstrukt sind. Nicht aber zu arbeitenden Menschen, ihren Motiven, Aufgaben und Rollen, die allesamt zur Domäne des Roten gehören.

Schon der Umstand, dass Frauen bis heute in fast allen Berufsgruppen signifikant weniger verdienen als Männer, zeigt den Bankrott üblicher, blauer, positionsbezogener Methoden wie Stellenbeschreibungen, Gehaltsregeln, -bänder, -kategorien, -matrizen und -ranglisten sowie Punktsysteme. Diese Methoden sind bürokratisch, teuer, pseudoobjektiv und letztlich unehrlich. Denn Gleichmacherei ist der Feind der Lebendigkeit. Ordentliche Gehaltsgleichheit ist ein blaues Märchen.

Gleichheit qua Positionen könnte nur funktionieren, so lange es möglich wäre, ähnliche Menschen auf identische Stellen zu setzen. **„Pay the Position", „Gehalt folgt Stelle" wird um so mehr zu einem Zerrbild von Gerechtigkeit,** je mehr vergleichbare Positionen ganz generell verschwinden, sich auflösen zugunsten facettenreicher Rollenportfolios der einzelnen Mitarbeiter.

Die Alternative: Pay the Person. Jedem das Seine bzw. jeder das Ihre – angemessen und passend – auf die Person bezogen, nicht auf Stelle, Rang oder Position. Mit dem Bekenntnis zur Fairness, zur gerechten Ungleichheit, werden Gerechtigkeit und Zufriedenheit für alle möglich. **Einfach ist das nicht.** Differenziertheit erfordert Verantwortungsbewusstsein, Transparenz und ständige Auseinandersetzung mit dem Markt – in diesem Fall dem Arbeitsmarkt. Mitarbeiter kennen im Regelfall ihren eigenen Marktwert. Jedenfalls, wenn sie nicht immer im selben Unternehmen tätig und dort in vorgegebene Kategorien einsortiert waren. Unternehmen müssen sowohl den Marktwert der Person, als auch den Wert der Mitarbeiterrollen für die Organisation kennen. So geht´s:

- **Bezahlen Sie fair, bezahlen Sie passgenau** – und tun Sie dann alles, damit Organisationsmitglieder nicht weiter über ihr Einkommen nachdenken müssen.
- **Berücksichtigen Sie individuelle Leistungsfähigkeit beim Grundgehalt** – nicht beim variablen Teil der Vergütung. Dort ist Gleichheit nämlich sinnvoll.
- **Streben Sie bei der jährlichen Gehaltsanpassung Transparenz und faires, informiertes Urteil an** – nicht Objektivität. Auch konsultative Gehaltswahl ist möglich.
- **Wertvolle Einflussfaktoren für Gehaltsfindung und -anpassung sind immer rot und relativ:** Seniorität, Alter, Ausbildung, Erfahrung, Leistungsfähigkeit und natürlich Marktwert der Person.
- **Grundgehälter werden am besten offen gelegt,** sollten also für alle sichtbar sein. Menschen können das ertragen.

{ Gleichmacherei ist unfair. Das ist auch beim Thema Gehälter so. Ungleich an der Person entlang bezahlen heißt fair bezahlen. }

Relative variable Vergütung

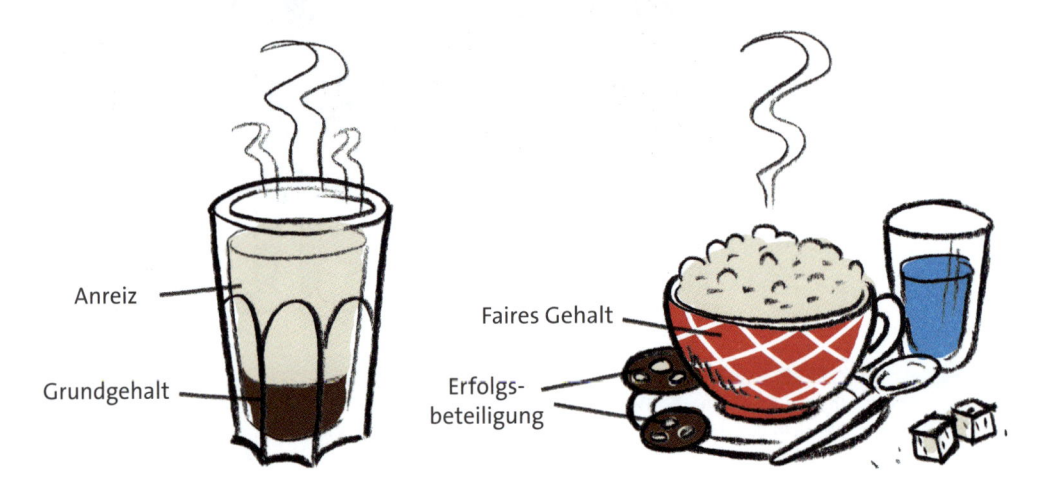

Anreiz

Grundgehalt

Faires Gehalt

Erfolgs-
beteiligung

Anreize und Boni zeichnen sich dadurch aus, dass Sie eine Brücke zwischen individuellen Zielen und Vergütung schlagen. Auf diese Weise entstehen fixierte, individuelle Leistungsverträge, individualisierte Interessenverfolgung wird erzwungen. Keine gute Idee in dominant „roter" Wertschöpfung! **Boni und Incentives führen in roter Wertschöpfung nicht dazu, dass Leistung besser wird, sondern dass Mitarbeiter Wege finden, ihren Bonus zu bekommen.** Anreizsysteme „funktionieren" nicht – egal wie klug und ausgefeilt sie auch gestaltet sein mögen: Sie verbessern weder individuelle Leistung (falls es die überhaupt gibt), noch kollektive Wertschöpfung oder Unternehmensergebnisse. Denn sie legen lineare Wirkungen zugrunde und blenden Dynamik aus.

Boni als „leistungsabhängige Bezahlung" oder „Pay for Performance" zu bezeichnen, ist insofern absurd, aber keinesfalls harmlos. Denn Anreize machen die so Incentivierten zu Eseln. Sagen ihnen: *Erreich dein Ziel, dann geht es dir gut! Schau nicht so genau hin, ob Kunden zufrieden sind, Wertschöpfung entsteht, Gesetze gebrochen werden – oder wir den ganzen Laden vor die Wand fahren.* Ohne „aggressive", „motivierende" Vergütung hätte die Finanzkrise von 2008 niemals stattfinden können: Eigennutz ist menschlich – Gier entsteht durch Anreizung.

So schaffen Sie den Übergang vom Anreiz zur Teilhabe in relativer variabler Vergütung:

- **Verwenden Sie die Sprache der Erfolgsbeteiligung, nicht die der Motivierung.**
  Mitarbeiter sollen am Erfolg des Unternehmens teilhaben – nicht verführt, belohnt oder bestraft werden. Koppeln Sie niemals Vergütung an Ziele, Planzahlen, Quotas oder Vorgaben. Sondern nur an tatsächlich realisierte finanzielle Ergebnisse, idealerweise in Relation zum Wettbewerb.
  Mitarbeiter am Kapital zu beteiligen ist eine weitere Alternative.

- **Schaffen Sie ständige Transparenz über die finanzielle Unternehmensleistung.**
  Machen Sie das Beteiligungsmodell simpel für maximale Transparenz.

- **Bisherige Bonus-Gehaltsbestandteile gehören ins Grundgehalt.** Die Personalkosten werden dadurch nicht höher – es wird nur offiziell fix, was zuvor variabel erschien. Was darüber hinausgeht, sollte als echte Erfolgsbeteiligung ausgestaltet sein, z.B. als Beteiligung am realisierten Jahresergebnis des Unternehmens.

- **Schwer messbare oder stark extern beeinflusste Indikatoren haben im Vergütungsmodell nichts zu suchen.** Ihre Nutzung würde zur Manipulation einladen („Qualität", „Kundenzufriedenheit", „Aktienkurs").

- **Inklusion stärkt Teamgeist:** Gewähren Sie möglichst allen Mitarbeitern variable Vergütung – nicht nur einer „Elite" aus Führungskräften und Vertrieblern. Verzichten Sie auf Klassifikationen und Differenzierung in der variablen Vergütung: Die Differenzierung gehört ins Grundgehalt.

{ Anreizsysteme behandeln Menschen wie Esel und verleiten sie dazu, das System zu schlagen. Variables Gehalt sollte Gefühl von Teilhabe vermitteln – nicht mehr. }

Auswahl versus Entwicklung

Personalauswahl und Entwicklung von Menschen sind zwei Seiten der „Medaille Leistung". Sie zu vermischen schadet beiden.

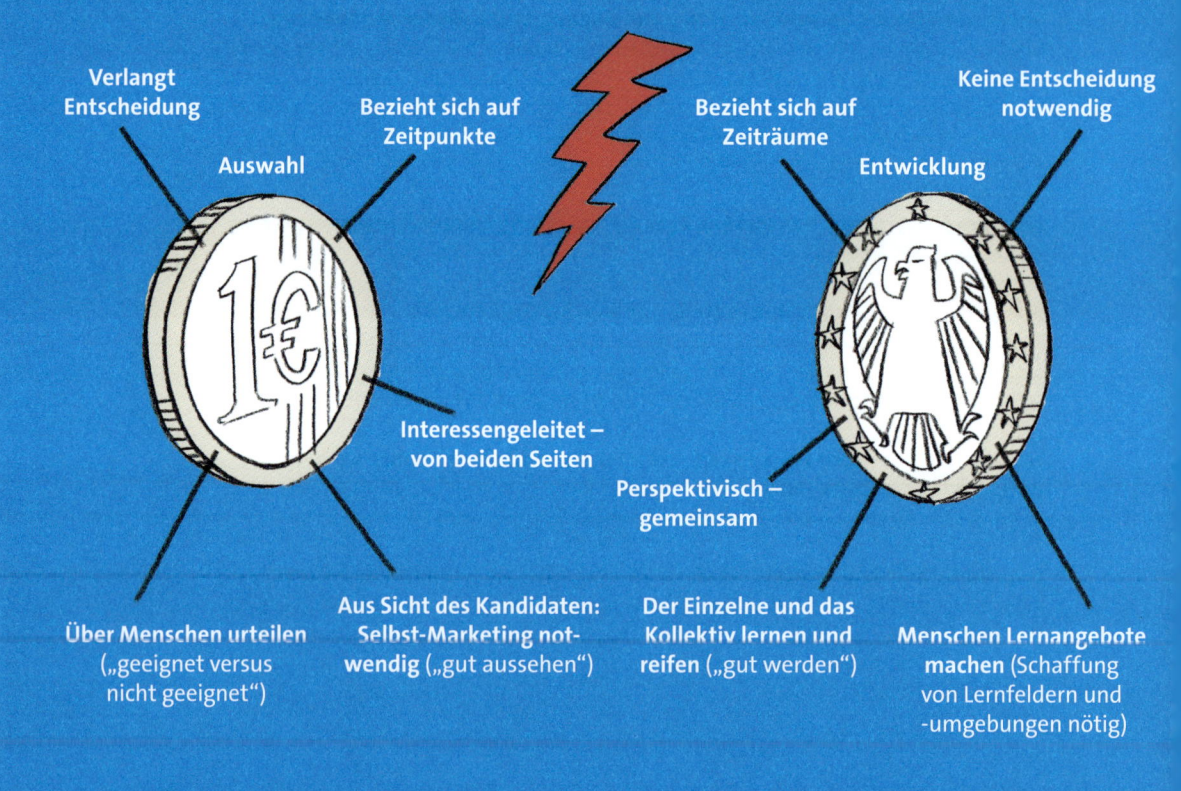

Verlangt Entscheidung

Auswahl

Bezieht sich auf Zeitpunkte

Bezieht sich auf Zeiträume

Entwicklung

Keine Entscheidung notwendig

Interessengeleitet – von beiden Seiten

Perspektivisch – gemeinsam

Über Menschen urteilen („geeignet versus nicht geeignet")

Aus Sicht des Kandidaten: Selbst-Marketing notwendig („gut aussehen")

Der Einzelne und das Kollektiv lernen und reifen („gut werden")

Menschen Lernangebote machen (Schaffung von Lernfeldern und -umgebungen nötig)

{ Wer urteilt, kann nicht entwickeln: Lernen funktioniert am besten in Abwesenheit von Urteilen. }

Planung versus Vorbereitung

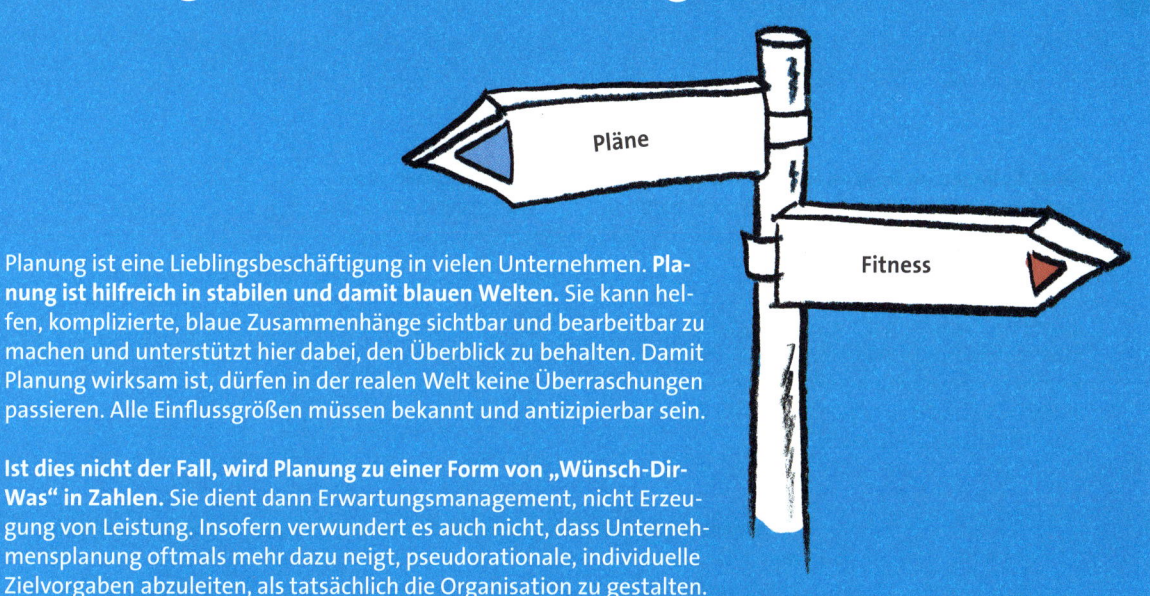

Planung ist eine Lieblingsbeschäftigung in vielen Unternehmen. **Planung ist hilfreich in stabilen und damit blauen Welten.** Sie kann helfen, komplizierte, blaue Zusammenhänge sichtbar und bearbeitbar zu machen und unterstützt hier dabei, den Überblick zu behalten. Damit Planung wirksam ist, dürfen in der realen Welt keine Überraschungen passieren. Alle Einflussgrößen müssen bekannt und antizipierbar sein.

Ist dies nicht der Fall, wird Planung zu einer Form von „Wünsch-Dir-Was" in Zahlen. Sie dient dann Erwartungsmanagement, nicht Erzeugung von Leistung. Insofern verwundert es auch nicht, dass Unternehmensplanung oftmals mehr dazu neigt, pseudorationale, individuelle Zielvorgaben abzuleiten, als tatsächlich die Organisation zu gestalten.

Anders als Planung dient Vorbereitung als „Fitnessprogramm" für das erfolgreiche Überleben der Organisation in der komplexen Zukunft. Unsicherheiten und Unvorhersehbarkeit werden ausdrücklich akzeptiert. Exzellente Vorbereitung bei Expeditionen gilt als Voraussetzung fürs Überleben und Ausdruck von Selbstverantwortung und Professionalität – davon können Organisationen lernen.

Das Ergebnis von Vorbereitung ist Fitness. Das Ergebnis von Planung sind Pläne.

{ **Die Voraussetzung für Erfolg in einer roten Welt ist gute Vorbereitung, nicht gute Planung. Vorbereitung in Form von Üben oder disziplinierter Praxis sorgt dafür, dass später, unter realen Bedingungen, schnell, beweglich, „automatisch" und angepasst gehandelt werden kann.** }

Peer-Recruiting

Neue Kollegen an Bord zu holen, ist eine der vornehmsten Aufgaben in einer Organisation: Sie kann gar nicht hoch genug eingeordnet werden. Um so verblüffender ist es, dass diese Aufgabe in vielen Unternehmen an „Experten" delegiert wird.

Bewerber nach fachlicher Eignung, Skills und Vorerfahrung auszuwählen mag in blauem Umfeld hinreichend sein. Im rotem Kontext hingegen werden Aspekte wie Haltung und kultureller Fit wesentlich: Faktoren, die sich nicht einfach beobachten lassen. Hier wird die Auswahl nach Kompetenzen und Lebenslauf zu einem Fehler.

Menschen verhalten sich gegenüber unterschiedlichen Menschen verschieden. Peer Recruiting baut daher auf einer Reihe von Einzelinterviews auf, die idealerweise durch Arbeit auf Probe ergänzt werden. Wenig standardisierte Interviews liefern ein möglichst facettenreiches Bild von Bewerbern: Sie erlauben es, den einzelnen Gesprächen die Dynamik zu geben, die entstehen muss – statt Fragebögen durchzugehen. Verschiedene Seiten einer Persönlichkeit sollen sichtbar werden! Auf der anderen Seite sollen Bewerber Gelegenheit haben, das Unternehmen kennenzulernen und für sich zu klären, ob Ansprüche und Erwartungen vereinbar sind: „Wir klären gegenseitig, ob wir zueinander passen."

Mindestens drei Einzelinterviews sind nötig – gerne deutlich mehr. Denn erst Vielfalt erlaubt reflektierten Diskurs über die Passung zwischen Kandidaten und Unternehmen. Auch hier bedarf es des Prinzips der Konsultation: Alle Interviewer tauschen sich zu den einzelnen Bewerbern aus, fügen ihre Wahrnehmungen und Erkenntnisse zu einem gemeinsamen Bild zusammen. Das ist nur im persönlichen Gespräch gemeinsam möglich.

Dabei hat jeder beteiligte Interviewer das Recht, einzelne Bewerber mit schlüssiger Begründung abzulehnen. Ein einzelnes Nein hat das Ausscheiden des Kandidaten zur Folge. Mehrheitsentscheide wären hier schädlich: sie würden die notwendige Akzeptanz des Bewerbers aushöhlen.

Gruppeninterviews sind als Interviewformat ungeeignet. Sie verhindern Dialog und erzeugen durch das Übergewicht auf Unternehmensseite den Charakter eines Tribunals. Eine andere Methode, die so oft genutzten **Assessment Center**, erzwingt Entscheidung nach Schablone. Nur für blaue Standardstellen kann das akzeptabel sein. Assessment Center halten die Bewerber auf Distanz. Gegenseitiges Kennenlernen auf Augenhöhe ist so nicht möglich.

Wenn viele frisch eingestellte Mitarbeiter das Unternehmen nach kurzer Zeit verlassen, ist dies ein Hinweis darauf, dass beim Recruiting geschlampt wurde.

{ **Menschen zu Kollegen zu machen ist eine rote Baustelle.** }

Rollenmodellierung

Im Privaten sind wir gewohnt, dass jeder Mensch verschiedene Rollen innehat. Jeder ist Kind – die meisten sind Mutter oder Vater, Lehrer, Bruder, Freundin, Gefährte. Es gibt tiefes Wissen darüber, was mit diese Rollen gemeint ist. Es gibt aber auch so viele Ausgestaltungsmöglichkeiten dieser Rollen, wie es Menschen gibt.

Jedes Individuum hat viele Rollen – privat und in der Organisation. In Beta ist es nötig, dass die Rollen explizit sind, nicht nur implizit. Der einzelne Akteur besitzt ein Rollenportfolio und jongliert mit seinen Rollen.

Stellenbeschreibungen sind reduktionistisch: Sie reduzieren gemeinschaftliche Mitverantwortung. Sie können für sich alleine stehen. Rollenmodelle dagegen funktionieren nicht ohne sozialen Kontext oder Konstellation. Sie beziehen sich aufeinander. Darum bedeutet Rollenmodellierung immer auch die Verschränkung von Wertschöpfungsstruktur und Informeller Struktur.

Rollen sind persönlich. Es ist klug, die Organisation um ihre Menschen herum zu bauen – anstatt Menschen in Stellen oder Positionen einzupassen. Wenn Menschen aus einer Konstellation ausscheiden oder neue hinzukommen, dann ordnen Rollen sich neu. Jede personelle Veränderung verändert die Rollenkonstellation – bei drei, vier oder zwanzig Menschen.

Rollen können nur im eigenen Einflussbereich geklärt und vereinbart werden. Denn: Stellen kann man vergeben, Rollen werden genommen.

Auf der Teamebene trifft Rolle Funktion. Die Funktion ist: Was braucht ein Team, damit es leisten kann? Was muss in jedem Fall geleistet werden, damit Wertschöpfung entsteht? In funktional integrierten Teams muss Funktion in Rolle eingebettet sein, jede muss ausgefüllt werden. **Die Rolle ist eine Funktion, die am Menschen haftet.**

Derselbe Mensch taucht leichtfüßig in unterschiedlichen Rollen an verschiedenen Stellen auf – im Zentrum, in der Peripherie und im Markt.

Zellstruktur-Design

Die kleinste Leistungseinheit einer Wertschöpfungsstruktur ist das Team. Ihren Container nennen wir „Zelle".

Zellstruktur bedeutet, das Ganze in seine Teile einzubauen. Die einzelne Zelle einer Zellstruktur agiert als Mini-Unternehmen im Unternehmen. Sie muss dafür mit allen Funktionen ausgestattet sein, die es braucht, um hinreichend autonom (ohne Fremdsteuerung) das eigene Geschäft betreiben zu können. Wir nennen das funktionale Integration. Die traditionelle, tayloristische Logik war, das Ganze aus separaten Teilen zu bauen – das ist das Prinzip funktionaler Teilung.

Anders als bei einer Ab-teiliung oder einem Bereich agiert im Inneren einer Zelle ein funktional integriertes Team – ähnlich einem Startup. Die Zelle zeichnet sich durch Arbeit in Form eines Miteinander-Füreinander aus, nicht des parallelen Nebeneinander. Klar: Teamwork wird oft glorifiziert, der Teambegriff inflationär gebraucht – mancherorts wird sogar alles Team genannt, wo viele Menschen zusammenkommen. Eine Zelle indes muss Bedingungen für Selbstorganisation, Selbstdisziplin und kommunikative Dichte schaffen. Darum müssen Zellteams in der Größe begrenzt sein, auf vielleicht 10 bis 12 Personen. Eventuell auch nur sechs oder sieben. Teammitglieder sollen „divers" sein, aber „ähnlich kompetent".

Selbstorganisation innerhalb einer Zelle erfordert einen gemeinsamen Rahmen, eine gemeinsame Teamsphäre. Also einen Auftrag bzw. gemeinsame relative Ziele. Ab-teilungen in funktional geteilter Organisation können keine ganzheitlichen Ergebnisse erbringen: Sie erledigen nur funktionale Teilleistungen innerhalb eines Business, „Vertrieb" beispielsweise. So geschnittene Bereiche erzeugen nie vollständige Kundenergebnisse. Eine Zelle indes kann und soll das: Sie hat das Mandat, ganzheitliche Leistung für den externen Markt oder die Peripherie zu erbringen. Die Leistung ist dann nicht mit funktionalen Indikatoren wie Quote, Produktabsatz, Produktmarge, -mix oder Lagerumschlag steuerbar, sondern muss anhand von Ergebnisindikatoren wie Kosten/Umsatz-Ratio, Profitabilität, Kundengewinnung, -rentabilität oder -zufriedenheit beschrieben werden. Diese Leistungsmaße helfen Zellteams, sich selbst einzuschätzen und eigene Arbeit zu verbessern.

An diesen Indikatoren von Teamleistung lässt sich erkennen: In Zellorganisation ist das Gegenteil von „ordentlich" nicht „frei". Sondern „diszipliniert". Ordentlichkeit kann verordnet werden, Disziplin nicht: Sie erfordert Selbstorganisation und Annahme von Verantwortung. Das kann, das muss in Zellstruktur und innerhalb der Zellteams stattfinden.

Denken und gestalten Sie Zellstruktur stets von außen nach innen – von den Teams der kundennahen Peripherie her. **Peripherie-Zellen kommen in zweierlei Arten vor: Sie können eher dauerhafter oder temporärer Natur sein.** Eine dauerhafte Zelle bzw. ein Zellklumpen ist ein Laden, eine Filiale, ein Büro, eine Region, eine Produktionslinie. Eine temporäre Zelle ist ein Projekt, ein Großauftrag, eine Baustelle, ein Gewerk.

{ **Zellstrukturen sind fähig, Dynamik zu verarbeiten, oder diese sogar als Wettbewerbsvorteil für sich nutzbar zu machen. Sie kommen ohne Linie, Funktionen und Ab-teilungen aus. Koordination findet marktlich, zwischen Zellen statt, nicht hierarchisch-bürokratisch.** }

Org-Shops und Info-Shops

Personalmanagement („HR"), Administration, Buchhaltung, Finanzen, Einkauf, Logistik und Co.: Unsere Vorstellungen von diesen Bereichen innerhalb mittlerer oder größerer Unternehmen sind eng mit der Idee zentraler Steuerung verwoben. Das kann nicht verwundern. Sie wurden im Industriezeitalter bewusst als steuernde Funktionen entwickelt. Später kamen andere Steuerungsbereiche wie Marketing, Vertrieb, Strategie, Controlling, Qualität, Risiko, Personalentwicklung und Key Accounting hinzu. Die Tätigkeiten dieser Bereiche sind stets „im Modus zentraler Steuerung" gedacht, nicht „vom Kunden her".

Daran haben auch Steuerungskonzepte wie Shared Services oder Business Partnership nichts geändert. Diese markieren nicht den Übergang zu dezentralisierter Netzwerkorganisation, da sie das Zentrum der Peripherie immer noch nicht unterordnen. Zentralfunktionen werden daher weiterhin als gängelnd und weit von der Realität entfernt erlebt. Das ist weder gut für Peripherie und Organisationen als Ganzes, noch für die Menschen in diesen Funktionsbereichen selbst.

Werden Teams des Zentrums als unterstützende, der Peripherie dienende Leistungsanbieter ohne eigene Steuerungsmacht gedacht, dann drängt sich das Bild vom Zentrum als Ladenzeile oder als Einkaufszentrum geradezu auf, in dem die Peripherie „einkaufen geht". **So wie ein Handelsgeschäft oder ein Supermarkt seinen Kram verkaufen muss, um Geld von Kunden zu erhalten, so müssen in Beta zentrale Shops wertvolle Leistungen an die Peripherie verkaufen, um eine Daseinsberechtigung zu haben.**

Zwei wesentliche Sorten von Leistung werden von Zellen der Peripherie benötigt und nachgefragt. Diese lauten aber nicht „HR" oder „Controlling". Es sind:

- **Informationsleistungen** – also Informations- und IT-Systeme aller Art, Buchhaltung, Rechnungswesen und Berichte.
- **Organisationsleistungen** wie Verträge, Personaladministration, Einkaufsunterstützung, Schatzmeisterei, Hausmeisterei, Rezeption, externe Repräsentanz.

Org-Shops und Info-Shops bieten diese Leistungen als Produkte mit transparenten, vereinbarten Preisen an und werden entsprechend der Nutzung bzw. genutzter Leistung bezahlt und der Peripherie berechnet. Jede Zelle des Zentrums hat dafür einen kurzen Leistungskatalog mit markierten Preisen. Die Peripherie kann Leistungen prinzipiell auch extern beziehen.

Info- und Org-Shops dürfen keinen Gewinn erzielen (das würde zu Transparenzverlust führen), sondern stets ein „Nullergebnis" erreichen. Gewinn verbleibt in der Peripherie – also dort, wo er entsteht. Preise werden je nach Bedeutung z.B. vierteljährlich oder jährlich zwischen Anbietern (Zentrum) und Nachfragern (Peripherie) verhandelt und angepasst.

{ **HR, Finanzen, Marketing, „Admin" und andere Steuerungsbereiche sind strukturgewordene Denkfehler. Sie passen zum Blauen, nicht zum Roten.** }

Wertschöpfung versus Verschwendung

Wertschöpfung und Verschwendung sind wie Dr. Jekyll und Mr. Hyde. Beide produzieren Kosten, nur eines von beiden produziert Leistung und Erfolg.

Kosten sind ein Schatten, ein gefügiges, rechnerisch-technisches Abbild von Arbeit. Darum kann man sie nicht managen, sie nicht verbessern. Es bleibt nur, die Arbeit selbst zu verbessern, an Wertschöpfung und Verschwendung zu arbeiten. Und so Kosten zu beeinflussen. Bei Toyota nennt man das Kaizen.

Die Wurzeln von Verschwendung: schlechte Zusammenarbeit, Mehrarbeit, Mangel an Informationen, Zwischenläger, Überlastung von Engpässen. Verschwendung wird in den üblichen Formen von Controlling-Systemen nicht abgebildet: Sie bleibt unsichtbar. Sichtbar wird sie nur dort, wo sie passiert. **Darum setzen kluge Unternehmen eine einzige Ressource im Kampf gegen Verschwendung ein: alle.**

Mit Kostenaktionismus lässt sich weder die Verschwendung verringern, noch Wertschöpfung verbessern. Er bleibt immer Schattenkampf. Gegen Verschwendung zu arbeiten und Barrieren der Wertschöpfung abzubauen ist eine permanente Aufgabe.

{ **Wertschöpfung rauf, Verschwendung runter: Das sind die beiden Stoßrichtungen im Kampf um beste Kosten und beste Qualität.** }

Intrinsische Motivation versus extrinsische Motivierung

Jeder Mensch trägt Motive in sich – Motivation ist intrinsisch, sie wohnt dem Menschen inne. Motivstrukturen sind von Person zu Person sehr unterschiedlich ausgeprägt, aber stets eigenbestimmt.

Dabei ist von außen nicht erkennbar, welche spezifische Motivstruktur einen Menschen antreibt – was er braucht, um Sinn und Spaß in Arbeit zu sehen. Es geht um die persönliche Selbstentfaltung um ihrer selbst Willen. Motivation ist Teil von Identität.

Extrinsische Motivierung ist der Versuch, menschliches Verhalten durch äußere Anreize zu konditionieren oder zu steuern. Durch Methoden wie die Belohnung (Boni & Co.), soziale Anerkennung (Lob, Statussymbole, Preise, Auszeichnungen etc.) oder Angst (Drohung, Bonus-Entzug usw.).

Motivierung mit Motivation zu verwechseln ist ein Sprach- und ein Denkfehler.

Leider gibt es zwischen beiden Konzepten einen einseitigen, unschönen Wirkungszusammenhang: Setzt man extrinsische Anreize ein, werden die ureigenen, intrinsischen Motive überdeckt und kannibalisiert. **Motivierung unterwandert Motivation.** Das Gefühl der Selbstbestimmung verringert sich; Kopplung der Motive an „die Sache" und an kollektive Wertschöpfung nimmt ab. Langfristig schadet Motivierung so kollektiver Leistung und Potenzial.

Extrinsische Motivierung nutzt Methoden der Verhaltenskontrolle, sie mündet bestenfalls in kurzfristige Optimierung. In jedem Fall ist sie moralisch fragwürdig und in der Domäne des Roten immer langfristig ineffektiv.

{ **Menschen zu motivieren ist unmöglich. Sie zu demotivieren dagegen ist ganz leicht.** }

Invest-Entscheidungen

Entscheidungen über Investitionen haben langfristige Auswirkungen und großes Gewicht für Organisationen – das liegt in ihrer Natur. Darum werden sie üblicherweise möglichst vorausschauend, mit viel Vorlauf und „weit oben" gefällt. Leider ist das ein blauer Denkfehler. Nicht zeitlicher Vorlauf oder Hierarchie, sondern die Qualität der Vorbereitung ist ausschlaggebend für „gute" Entscheidung unter Unsicherheit. **In Dynamik intelligent zu entscheiden heißt: so spät wie möglich und so früh wie nötig. Insbesondere dann, wenn es unternehmerisch risikoreich wird.**

Im Zusammenhang mit Investitionsentscheidungen werden die Dilemmas der Alpha-Organisation auf dramatische Weise offenbar: Entscheidung muss auf der Vorderbühne und oben gefällt werden, egal wie. Kanalisierung und Filterung entscheidungsvorbereitender Information auf ihrem Weg nach oben nehmen extrem viel Zeit und Energie in Anspruch. Die Entscheidungsgremien entwickeln Eigenleben und politische Dynamiken, weil Bereiche Interesse daran haben müssen, ein großes Stück vom Budgetkuchen abzubekommen.

All dies hat zur Folge, dass Investitionen in Alpha zu früh angegangen werden und internen, nicht vorrangig geschäftlichen Interessen dienen. Das folgt einer inneren Logik – es ist in einer roten Welt jedoch deutlich kontraproduktiv und gefährlich für Unternehmen. Im schlimmsten Fall werden Investitionsentscheidungen gefällt, die sich bereits selbst überholt haben – was direkt zu Havarien oder auch sogenannten „sunk costs" führt.

Im roten Umfeld müssen Entscheidungen über Investitionen möglichst spät getroffen werden. Einfach deshalb, weil in Dynamik stets mit Veränderungen bei wesentlichen Parametern zu rechnen ist. Waches Beobachten kann und sollte früh erfolgen, Entscheidungsvorbereitung jedoch nur so früh wie nötig. Invest-Entscheidungen sollten daher möglichst spät vorbereitet werden und dann sehr schnell erfolgen können. **Das erfordert Abkehr von festen Budgetierungs- und Entscheidungszyklen sowie Abschied von üblichen Entscheidungsgremien.**

Die Alternative: Investitionsplanung und -budgetierung entfallen vollständig. Projekte oder Entscheidungsvorlagen kommen erst dann auf den Tisch, wenn sie dringend und entscheidungsreif sind – auf keinen Fall vorher. Über dringende Projekte wird nicht von einem festen Gremium oder der Unternehmensspitze entschieden, sondern (wenn nicht im Konsultativen Einzelentscheid) durch eine Gruppe von Akteuren, die alle mit dem Projekt oder dem Problem hinter dem Projekt zu tun haben. Liegen mehrere bedeutsame und ggf. konkurrierende Projektvorschläge vor, entscheidet die Gruppe über all jene Vorschläge, die gerade dringend sind. Dann muss ggf. gemeinsam priorisiert, verschoben, abgelehnt werden.

{ **Investitionsentscheidungen sind rote Entscheidungen. Sie haben immer einen unternehmerischen, dynamischen Kern. Anderenfalls wären sie „einfach".** }

Value-Based Pricing

Das Problem mit Standardpreisen, Kalkulationspreisen, Plankosten, Stunden- und Tagessätzen ist: Diese Verfahren gehen von Eigenwahrnehmung aus, nicht von Marktrealität und Kundenwahrnehmung. Sie sind *wishful thinking*: „Wenn dies unsere Kostenstruktur ist, dann ist das unser Preis!" So preist man sich leicht aus dem Herzen des Kunden heraus und am Markt vorbei. Nur zu leicht bietet man eigene Nutzenfiktion an, statt echten Kundennutzen.

Kundennutzen ist etwas anderes als Produkt. Das ist wie das Verhältnis zwischen Mobilität und Auto. In roter Wertschöpfung ist es intelligent, wenn der Anbieter zunächst den Kundennutzen versteht, bevor das Produkt entsteht. Wenn er überlegt: Wenn das der Nutzen für diesen Kunden ist, was ist dann der Wert dieses Nutzens? Und wie können wir diesen Nutzen wirtschaftlich produzieren?

Value-Based Pricing bedeutet, Produkt und Preis vom Markt her zu denken, nicht von geplanten Kosten her. Vom Kundennutzen (dem „Wert") her, nicht abgeleitet aus Zeit- oder Materialaufwand: Erst Beziehung, dann Wert, dann Preis, dann Produkt. Nicht umgekehrt – denn dann kommen sowohl der Wert als auch die Beziehung unter die Räder.

Es geht in Value-Based Pricing nicht zuvorderst um „bessere Margen" oder „höhere Preise", sondern um die konsequente Unterwerfung der Kundenbeziehung unter den Kundennutzen. **Kundennutzen kann man nicht messen.** Man kann ihn aber in Beziehung beurteilen. Darum bedeutet Value-Based Pricing bei Dienstleistung und kundenindividueller Wertschöpfung immer: Beziehung zuerst, dann die Preissetzung.

Das Ergebnis ist: Ein ganz anderer Angebotscharakter. Ein anderer Stil, eine souveräne Haltung. Unverwechselbarkeit, die vom Verstehen des Marktes oder des spezifischen Kunden ausgeht – nicht von einer herbeigeträumten *Unique Selling Proposition*.

Ein Unternehmen ist unter anderem durch die konsistente Anwendung dieses Prinzips berühmt geworden – und das ist Toyota. Für die industrielle Massenfertigung entwickelte Toyota das Werkzeug des Target Costing – eine spezifische Form des Value-Based Pricing für die produzierende Industrie. In der Dienstleistung funktioniert wertorientierte Preissetzung etwas anders: Sie erfordert zunächst die Abkehr von „blauen" Methoden der Preissetzung wie Stunden-/Tagessätzen und Margenaufschlägen; dann die Entwicklung der Kundenbeziehung und einer gemeinsamen Nutzenwahrnehmung; dann die Entwicklung eines kundenindividuellen Angebots.

Value-Based Pricing bedeutet natürlich, Preise in der Peripherie zu setzen – dort wo der Kundenkontakt stattfindet – Key Accounting, Preislisten und Rabattpolitiken sind der natürliche Feind dieses Prinzips.

{ **Value-Based Pricing heißt, Kunden und ihre Nutzenwahrnehmung zu kennen und zu mögen. Wert und Preis zu bestimmen. Und schließlich das Angebot daran auszurichten. Nicht andersherum.** }

Regel versus Prinzip

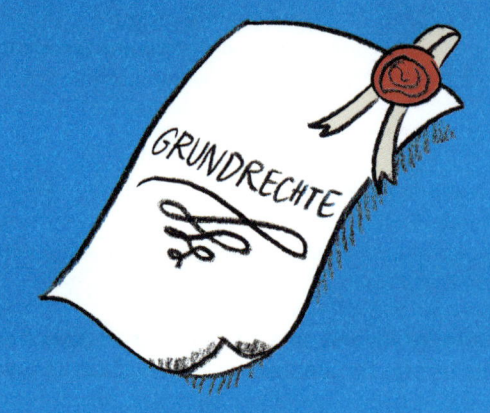

- **Von übergeordneter Autorität vorgegeben**
- Wird befolgt
- Wenn-dann-Logik:
  Das Problem muss vorab bekannt sein
- Eine Regel pro Problem
- Schafft in kompliziertem Umfeld Sicherheit
- Erzwingt kontextfernes Verhalten
- Metapher: Schilderwald

- **Von einer sozialen Gruppe selbst auferlegt**
- Wird von einer sozialen Gruppe ausgelegt
- Zur Lösung bekannter und neuer,
  überraschender Probleme geeignet
- Wenige Prinzipien für viele Probleme
- Schafft Sicherheit durch Universalität
- Erlaubt komplexes Verhalten
- Metapher: Grundgesetz

{ **Regeln passen zu blauen, bekannten Problemen.**
Mit Prinzipien lassen sich auch rote, überraschende Probleme lösen. }

Kapitel

4 Komplexithoden für Beweglichkeit

Agilität in der Organisation verankern

Konsultativer Einzelentscheid

In Alpha-Organisation werden Entscheidungen häufig so weit nach „oben" delegiert, bis diese letztlich in politische Vorgänge transformiert worden sind, die mit fachlich begründeten Optionen nichts mehr zu tun haben. Solcherlei „Exkulpierung durch Wegdelegieren an höhere Instanzen" ist nicht ohne Tücken: Falls sie überhaupt zustande kommen, dauern Entscheidungen lange, sind aufwendig und teuer – und haben mit marktbezogener Ausrichtung nichts gemein.

Übliche Alternativmethoden zum Chefentscheid – Mehrheits- oder Konsensentscheidungen, Komitees, Gremien, Ausschüsse, aber auch Konsent & Co. sind nicht viel besser. Hier wird viel geredet (meist in Schleifen), Uneinigkeit und Polarisierungen werden betont, es dauert lange – und am Ende ist es niemand gewesen. Begleitet durch Zwischenrufe von denjenigen, die es schon immer besser gewusst haben wollen.

Ein ganz anderer Weg ist die Konsultation. Bei wichtigen und ungewöhnlichen Entscheidungen ist Konsultation Pflicht in den Ständen der Ärzte und der Rechtsanwälte. Im Managerberuf sollte es ebenso sein. Konsultativer Einzelentscheid erlaubt es, Optionen zügig und unter Einbeziehung maximaler individueller und kollektiver Intelligenz erarbeiten und auswählen zu können, – ohne zusätzliche Risiken einzugehen. In vielen Beta-Organisationen ist diese Form der Entscheidung seit Langem üblich für „unternehmerische" und „rote" Entscheidungen unter hoher Unsicherheit – und dort unter verschiedenen Namen bekannt.

Damit Konsultation funktionieren kann, bedarf es zunächst zwei wesentlicher Klärungen: Was ist das Problem – haben wir es wirklich verstanden? Und: Wer ist der Entscheider? Im Konsultativen Einzelentscheid wird nicht am Anfang nach den Optionen und Lösungen gefragt – sie entstehen in der Beratschlagung.

Dem einzelnen Entscheider obliegt es, sich zu fragen: Wer soll konsultiert werden? Wer sind die Könner, die besten Kollegen und Experten für das Problem? Wen muss ich um Rat fragen? Was sind die Entscheidungsalternativen? Was spricht für jede Alternative? Um schließlich – nach Einholen aller relevanten Ratschläge, „persönlich, aber im Sinne des Ganzen", eine Auswahl zu treffen.

Konsultativer Einzelentscheid ist kein einfacher, formeller Akt der Delegation. **Der Entscheider wird verpflichtet, sich die beste Expertise einzuholen – also die richtigen und besten Kollegen um Rat zu bitten.** Nicht etwa die „bequemen" Kollegen. Entscheider übernehmen damit nicht nur Verantwortung für das Ergebnis, sondern auch dafür, wen sie einbeziehen. Konsultation erzeugt Kollegialität, Wertschätzung, Gelegenheit zur Entwicklung unternehmerischer Haltung – und durch die Beratschlagung implizite Verantwortungsübernahme durch viele.

{ **Konsultation – Rat einholen und Rat geben – gehört in roter Wertschöpfung zur täglichen Zusammenarbeit dazu. Sie sollte statt des Chefentscheids zum Prinzip erhoben werden – und nicht Ausnahmeerscheinung sein.** }

Kompleximeetings

Meetings in der Alpha-Organisation definieren Bedeutung, Status, Zugehörigkeit. Jours Fixes, Abteilungs- und Bereichsleitertreffen, Ausschüsse und Gremien jeder Art: Diese Routinen sollen Stabilität und Kontinuität in der Führungsarbeit sichern. In der Realität absorbiert der Meetingtourismus viele Führungskräfte – sie entfernen sich faktisch von der eigentlichen Arbeit. Trotz des Aufwands bleiben Qualität und Tempo der Meetingergebnisse oft schwach.

Die meisten Meetings sind Pflichtveranstaltungen. Auch deshalb, weil sie fest institutionalisiert werden, gelangen kleinteilige Tagesentscheidungen auf die Agenda, wird Rückdelegation toleriert. Entscheidungen werden auf der Vorderbühne „gespielt", nur um entweder hinterher informell aufgelöst zu werden oder die Wertschöpfung zu behindern. Obwohl die Meetingmühle vielen verhasst ist: Dabei sein ist alles. Das ist eine Art der „Meetingkultur", die in der Domäne des Blauen ausreichen mag.

Eine geeignetere Form der Sozialisierung von Führung in der Domäne des Roten ist das Kompleximeeting. Seine Prinzipien sind:

- **Die Teilnahme ist freiwillig.** Teilnahme bedeutet, dass man selbst dabei sein und sich einbringen will. Nicht muss.

- **Entschieden wird danach, konsultativ.** Die meisten Zusammenkünfte fallen dadurch kürzer aus. In Meetings zu entscheiden ist ohnehin zumeist sachlich weder notwendig noch geboten. Einzelne Entscheider entscheiden nach dem Gespräch im Kompleximeeting, in dem das Problem beleuchtet und zugespitzt wurde. Und nachdem man Kollegen konsultiert hat. Den Überblick behält man gemeinsam durch die Konsultation, nicht durch Sitzungen. Überhaupt: Als Top-Manager selbst zu entscheiden ist Ausnahme, nicht die Regel. Rückdelegation gilt als unhöflich.

- **Keine Zusammenkunft ohne Problem bzw. Thema.** Die Einladung muss ein Problem bzw. die Dringlichkeit umreißen, nicht Lösungen oder Wünsche. Teilnehmer folgen dem Thema und der Problemstellung – nicht Position und Proporz.

- **Die Agenda setzt man gemeinsam am Anfang.** Sie wird nicht vorab festgelegt, sondern von genau denen zusammengetragen, priorisiert und vereinbart, die da sind.

- **Einander zu präsentieren ist unhöflich.** Man lässt sich auf Gespräch und kritischen Dialog ein. Unterlagen und Dokumente werden bereits vorab zur Verfügung gestellt, informiert hat man sich gegenseitig im Vorfeld. Die Teilnehmer sind vorbereitet. Nicht vorbereitet oder unbeteiligt „beizusitzen" gilt als schlechter Stil.

{ **Kompleximeetings sind Katalysatoren. Sie sind Zusammenkunft ohne Theater.** }

Interne Märkte

Möchte man das Miteinander-Füreinander-Leisten eines Unternehmens auf direktem Wege koordinieren, und nicht über den Umweg der Anordnung per Hierarchie, so ist man auf die intelligente Zusammenarbeit der einzelnen Akteure bzw. Teams angewiesen. Koordination mittels fixierter Pläne, Anweisung und Hierarchie steht letztlich immer im Widerspruch zur „natürlichen" Steuerung per Marktzug. Sollen Überraschungen in den Märkten unmittelbar interne Anpassungen auslösen, dann ist zentralisierende, planbasierte Abstimmung keine Lösung. Besser funktioniert ein System aus Transferpreisen und roten „internen Märkten".

Märkte kommen ohne Minimierung, Maximierung oder Optimierung aus – sie funktionieren durch Ja oder Nein: Zahle ich die Rechnung oder zahle ich sie nicht. Jede Form zentraler Zuweisung und Koordination verhindert diese direkte Tuchfühlung. **In Abwesenheit zentraler Steuerung dagegen kann der unternehmerische Impuls von Teams zum Tragen kommen.** Und mit ihm die Bemühung in allen Zellen des Zentrums darum, gute Leistungen zu möglichst niedrigen Preisen weitergeben zu können.

Dezentral organisiertes Zusammenwirken im gesamten Unternehmen wird erst möglich, wenn der Einzelne aus eigener Einsicht handeln kann. Ein in diesem Sinne wirksames Instrumentarium muss jedem Organisationsmitglied verständlich aufzeigen, wie aus den Bemühungen Einzelner Teamleistung und letztlich Unternehmensleistung entsteht. Es muss sichtbar werden, wann eigene Initiative für andere von Nutzen ist oder nicht. Arbeitsteilige Zusammenarbeit im Unternehmen bedingt, dass niemand „für sich selbst" arbeitet, sondern – sowohl inner- als auch überbetrieblich – immer für andere. Je mehr jeder selbst sieht, was für andere notwendig ist, desto unternehmerischer wird die Arbeit. Der Blick des Einzelnen richtet sich nicht mehr nach „oben" („Please the boss"). Er richtet sich nach vorne bzw. außen, auf die Bedürfnisse interner oder externer Kunden.

Interne Märkte sind nur „marktlich": Sie sind keine „echten" sondern „virtuelle" Märkte. Jede Zelle des Zentrums und der Peripherie wird als ein eigenes „virtuelles" Unternehmen im Gesamtunternehmen, als eine quasi-selbstständige Einheit eines größeren Kollektivs aufgefasst. Im Gegensatz zu Alpha sind dezentrale Zellen hier voll verantwortlich für die eigene Ressourcennutzung: **Autorität über Finanzmittel liegt nicht beim Zentrum oder bei Finanzern. Gewinn verbleibt in der Peripherie.** Das bedeutet auch: Zentrale Zellen können nicht über ein zentral zugewiesenes oder verhandeltes Budget verfügen. Wo immer möglich steht es Peripherie-Zellen offen, Leistungen intern oder auch extern zu beziehen. Zellen haben vollen Einblick in ihre eigenen Finanzdaten und die anderer Teams. Auf Kennzahlen bezogene Vergleichsdaten sind für alle Teams verfügbar.

Statt hierarchisch darüber zu verhandeln, wie viel etwas kosten darf, was künftig nötig sein könnte und was gute Arbeit ist, entsteht ein Dialog zwischen Zentrum und Peripherie der Organisation über reale Bedürfnisse. Eventuell nötige Änderungen an Leistungen oder Preisen müssen nicht durch hierarchische Autorität oder Neuplanung gelöst, sondern können dezentral und im Gespräch zwischen Lieferant und Kunde angegangen werden – gegebenenfalls unterstützt von betriebswirtschaftlich trittsicheren Moderatoren aus dem Info-Shop. **Koordination und Vorbereitung erfolgen sozusagen „automatisch" und „kontinuierlich".**

{ **Interne Märkte bedeuten, dass das Zentrum für die Peripherie arbeitet, anstatt diese zu managen. Märkte machen sichtbar, warum Dinge so sind, wie sie sind. Ohne dass daraus Weisungen werden.** }

Wertschöpfungsrechnung

Um die netzwerkartige Wertschöpfungstruktur eines Unternehmens transparent zu machen, müssen die innerhalb des Unternehmens erst einmal existierenden Leistungsbeziehungen abgebildet werden. **In einer Wertschöpfungsrechnung werden interne Leistungen dazu nicht planwirtschaftlich verrechnet, sondern zwischen Parteien marktwirtschaftlich berechnet.** Aus den marktlichen Leistungsbeziehungen werden rechnerisch Übersichten der Leistungen der einzelnen Zellen erstellt, ähnlich der Gewinn- und Verlustrechnung eines Kleinunternehmens. Mit einer solchen Wahrnehmungsoberfläche für Teams wird Bewusstsein für den Leistungsaustausch erzeugt. Unternehmerisches Handeln im Dialog zwischen Peripherie und Zentrum wird möglich – aber auch gefordert. Beta-Unternehmen wie Handelsbanken, dm-drogerie markt und Morning Star betreiben Systeme dieser Art.

Eine Wertschöpfungsrechnung besteht im Wesentlichen aus zwei Elementen: Leistungskatalogen und Wertschöpfungsberichten. In Leistungskatalogen wird definiert, was in einer Zelle der Organisation für andere geleistet wird. Hier werden die Leistungsverflechtungen zwischen Zellen der Organisation und deren Transferpreise beschrieben. Die Erstellung des Leistungskatalogs ist nicht Aufgabe einer koordinierenden Stelle, sondern sie wird eigenverantwortlich von den jeweiligen Leistungserbringern selbst gestaltet. Leistungskataloge sollten „einfach" sein, möglichst wenige Transferleistungen pro Zelle enthalten. **Durch die Leistungskataloge kommen auch Zellen des Zentrums zu „Umsätzen".**

Die angebotenen Leistungen werden mit einem Preis versehen, der gerade kostendeckend sein soll. Es würde zu dysfunktionalem Verhalten führen, wenn Gewinne woanders ausgewiesen werden, als dort, wo sie entstehen: nämlich an der vordersten Stufe der Wertschöpfungskette, in der Peripherie. Gewinnzuschläge müssen darum in internen Leistungsverflechtungen unterbleiben. Im Gegensatz zur sogenannten Prozesskostenrechnung geht es auch nicht darum, internen Arbeitsabläufen über „Treiber" Kosten analytisch zuzuordnen und diese zu verrechnen. Ziel ist es vielmehr, erbrachten Leistungen einen Wertbeitrag beizumessen und diesen unternehmerisch handelnden Empfängern wie auch Erbringern ins Bewusstsein zu rufen.

Für Zell-Teams ist es sinnvoll, eine Klassifizierung der Leistung in drei Kategorien vorzunehmen. In Fremdleistungen Dritter (Strom, Miete, Versicherung), Vorleistungen anderer Teams (Org Shops, Info Shops, Logistik) und authentische Eigenleistung (Einkommen der Mitarbeiter, Steuern, Zinsen, Investitionen und Gewinn).

Im Sinne einer Wertschöpfungsrechnung gibt es im Unternehmen keine Kosten. Es gibt nur Leistungen. Folglich werden auch nicht „Kosten gemanagt", sondern „Wertschöpfungsströme verbessert". Die Leistungen werden nicht wie eine Schuldzuweisung verrechnet, sondern wie in wirtschaftlichem Handel entsprechend realer Nutzung berechnet. Die Vorleistungen zeigen der Peripherie ihre Abhängigkeit von den Leistungen anderer auf, ohne die sie eventuell gar nicht tätig werden könnte.

In einem System dieser Art gibt es keine „Fixkosten", „Gemeinkosten" oder „Umlagen". Die Berechnung von Produktrentabilitäten kann und muss zur Wahrung gemeinsamer Perspektive unterbleiben. Im Sinne der Wertschöpfung ist es auch unpassend, von „IT-Kosten" zu sprechen: IT verursacht keine Kosten, sie erfüllt Bedürfnisse, die an anderen Stellen des Unternehmens im Zusammenhang mit Kundenwertschöpfung entstehen. Wäre dies nicht so, dann könnte die IT bzw. der Info-Shop „aus Kostengründen" geschlossen werden. Genauso verhält es sich in einer Wertschöpfungsrechung mit den „Mitarbeitereinkommen" – im traditionellen System der Steuerung noch unzutreffend als „Personalkosten" bezeichnet.

{ **Verschwendung erzeugt Kosten. Wertschöpfung erzeugt Wert und Leistung.** }

Offene Bücher

Offene Bücher sind notwendige Voraussetzung für Transparenz in der Organisation. Ohne Transparenz kein Mitdenken, kein dauerhaft gemeinsames Handeln und keine Mitverantwortung. Wie auch!

Die Bücher aufzumachen ist das eine. Sie offenzuhalten ist etwas ganz anderes, als passiven Zugang zu Datenbergen zu schaffen. Vielmehr geht es darum:

- Schnelle, einheitliche Informationen für konkrete, arbeitsbezogene Bezugssphären wie Teams, Märkte, Produkte aufzubereiten.
- Wertschöpfungszusammenhänge für alle Mitarbeiter sichtbar und erlebbar zu machen.
- Rohstoff für kritischen Diskurs über anstehende Entscheidungen zu liefern.

Damit liefern Offene Bücher einen Beitrag zur ständigen Sensibilisierung für das Unternehmensgeschehen in der gesamten Belegschaft, die nötig ist, um in roten Märkten zu überleben.

Offene Bücher sind bis heute selten. Vor allem wegen der Befürchtung, sie könnten zu Missbrauch anregen. Wir führen das auf fehlendes Wissen darüber zurück, was Offene Bücher inhaltlich meinen. Zur Klarstellung: Offene Bücher bedeuten nicht, wahllos und unreflektiert Firmengeheimnisse auszukippen oder Compliance zu verletzen. Sondern die intelligente Einordnung von Aktivitäten, Arbeit und Teamleistung in ökonomische Zusammenhänge zu ermöglichen. In Unternehmen wird weitaus mehr Schaden durch heimliche Manipulation, Informationsmacht und Intransparenz angerichtet als durch Offenlegung wirtschaftlicher Kontexte.

In diesem Zusammenhang ist es sinnvoll, zwischen drei verschiedenen Formen von Kontrolle zu entscheiden: Zwischen formeller Kontrolle, die zur Einhaltung von Compliance-Anforderungen erforderlich ist. Weiterhin Kontrolle zur Fremdsteuerung und zur Selbststeuerung. Fremdsteuerungskontrolle oder Steuerung der Peripherie durch das Zentrum ist wirksam in blauen Umwelten und erkennbar an Überwachung von Mitarbeitern, Vorgaben, Regeln, Prozessen und Sanktionen. Das Verhalten der Mitarbeiter soll hier durch Formelle Struktur gelenkt und beherrscht werden. Fremdsteuerung ist nicht nur teuer – in roten Kontexten führt sie immer zu Fehlsteuerung. Offene Bücher andererseits unterfüttern systematisch Selbststeuerung.

{ **Transparenz ist wie Licht anknipsen, damit alle sehen können. Offene Bücher bedeuten, Peripherie und Zentrum gleichmäßig mit Licht zu versorgen, das vom Markt her reinscheint.** }

Von der Idee zur Innovation

Das Entscheidende für Innovationsfähigkeit in Unternehmen ist nicht, Ideen zu befördern – die hat jeder, ständig. Entscheidend ist, Kreativität zu begünstigen bzw. zuzulassen. Darin sind die meisten Organisationen schlecht.

Innovation

Kreativität

Idee

Die Innovation ist direkt wertschöpfend im Gegensatz zur Idee. Sobald Innovation erzeugt wurde, wird die Arbeit an der Wertschöpfung im Austausch mit dem externen Kunden zur Aufgabe der Peripherie.

Ideengenerierung und Kreativität sind Aufgaben bzw. Rollen des Zentrums. Sie sind ja noch nicht wertschöpfend für den externen Markt! Wer Ideen hat oder an Kreativität teilhat, setzt sozusagen einen Zentrumshut auf. Jeder Mensch kann das – sogar ganz ohne aufzustehen oder in einen anderen Raum zu gehen.

Den sozialen Prozess, der Ideen in Innovation transformiert, nennt man Kreativität. Der Durchbruch entsteht durch eine Kette unscheinbarer Beiträge, die oft als Niederlagen empfunden werden – und deren Bedeutung man erst im Nachhinein erkennt. Kreativität ist ein kollektives Phänomen und damit immer sozial; Innovation ist daher immer Teamleistung.

Ideen werden von einzelnen Personen hervorgebracht. Ideen sind nicht selten – sie sind häufig. Sie beginnen immer mit einer Frage. Keine Idee wird jemals „gut" geboren. Ideen sind noch nicht wertschöpfend – sie sind reines Potenzial.

{ **Innovation ist das Ende einer langen Kette von Niederlagen. Das isolierte Einzelgenie ist ein Mythos – kreative Felder sind Realität.** }

Gruppe versus Team

Gruppe

Team

- Funktional spezialisiert
- Ähnlichkeit der Gruppenmitglieder akzeptabel
- Mitglieder arbeiten nebeneinander/parallel
- Verteilte Positionen
- Individuelle Ziele, vermeintlich separat erreichbar
- Fremdsteuerung und -kontrolle nötig
- Können additiv zueinander bleiben
- Konkurrenzkampf untereinander möglich
- Hierarchischer Druck von oben – durch Chefs
- Weisung und Regeln als Machtwerkzeug
- Für blaue Probleme/Prozesse ggf. ausreichend
- **Metaphern: Schwarm, Rotte, Haufen**

- Funktional integriert
- Vielfalt der Teammitglieder nötig
- Mitglieder arbeiten miteinander-füreinander
- Rollen-Spiel
- Gemeinsame Ziele, gemeinsam erreichbar
- Selbstorganisation und -regulierung möglich
- Müssen sich einig werden
- Diskurs und Vereinbarung untereinander nötig
- Sozialer Druck von innen – im Team
- Transparenz & Prinzipien als Handlungsrahmen
- Für rote Probleme/Projekte notwendig
- **Metaphern: Ensemble, Jazzband, Streichquartett**

{ **Eine Gruppe ist kein Team. Teams sind zur Selbststeuerung fähig – funktional geteilte Gruppen nicht.** }

Sensemaking

Treten in Organisationen Probleme auf oder werden Fehler offenbar, dann wird im Regelfall versucht, das Problem zu lösen, den Fehler abzustellen.
Man fragt nach einer Lösung, einer Methode. Nicht selten werden dabei allerdings lediglich die Symptome des Problems behandelt. Ein Symptom ist Ausprägung eines Problems, seine „Oberfläche". Bearbeitet man diese Oberfläche, dann bleibt die eigentliche Ursache bzw. das Problem bestehen mit der Folge, dass das gleiche oder ein ähnliches Symptom sich wiederholt. Wenn nicht am Problem gearbeitet wird, sondern am Symptom, ist dies der direkte Weg in den Aktionismus und die Kurzatmigkeit.

In manchen Unternehmen tritt Symptombehandlung gepaart mit Schuldzuweisung auf. Das führt bei Menschen zu Absicherungsverhalten: Ich war's nicht! Der Fokus der Arbeit entfernt sich dann systematisch vom Problem und von dessen Lösung. Wie aber verhindert man die ineffektive Behandlung von Symptomen?

Dazu gibt es keine andere Alternative, als sich von der Symptombetrachtung, also der Beobachtung der Problemoberfläche, an die Wurzel des Problems „durchzugraben". **Die einfachste Ausprägung dieser Komplexithode ist das 5-Mal-Hintereinander-Warum?** Eine Technik, die durch Toyota zu Berühmtheit gelangt ist.

Ziel der Anwendung der fünf aufeinander folgenden Warum?-Fragen ist, die Ursache für einen Defekt oder ein Problem zu bestimmen und gleichzeitig Klärung zwischen Akteuren herbeizuführen. Die Anzahl der Nachfragen ist nicht auf fünf festlegbar – sie ist natürlich symbolisch zu verstehen. Es kann drei aufeinander folgender Fragen bedürfen oder eben sieben. Wichtig ist: Nicht frühzeitig abbrechen! Man hakt genau so lange nach, bis der verursachende Faktor eindeutig identifiziert und nicht mehr weiter zerlegbar ist.

Keine Annahmen treffen. Frühe Annahmen über die Entstehung eines Symptoms helfen nicht – sie führen schnell zu falschen Schlussfolgerungen bezüglich der Ursachen und stehen der Klärung des Warum im Weg.
Lösung folgt Problem, nicht Symptombeobachtung. Erst dann, wenn das Problem freigelegt ist, darf nach Lösung gefragt werden. Nicht vorher.
Verprobung durch Umkehrung der Fragen. Ein Weg zu überprüfen, ob die Ursache tatsächlich festgestellt wurde, ist die Probe per Umkehrschluss: Wenn der Bonus in Festgehalt umgewandelt wird, verschwindet dann das beobachtete Verhalten im Vertrieb?

{ **Wieso? Weshalb? Warum? Wer nicht fünfmal hintereinander fragt, bleibt dumm.** }

Organisationshygiene

In allen Organisationen schleicht sich leicht hinderliche Überregulierung ein. Auf einzelne schlechte Erfahrungen begegnen wir reflexhaft mit Regeln. Statt Problemen auf den Grund zu gehen, setzen wir aktionistisch an Symptomen an. So sammeln sich mit der Zeit blaue Methoden und blaue Regeln an, wo rote Komplexithode und rote Prinzipien erforderlich wären. Es entsteht Unaufgeräumtheit und Unübersichtlichkeit. Überregulierung führt zur Produktion von Kompliziertheit und damit Leistungsverlust.

Es ist weise, quasi therapeutische Zurückhaltung bei der Ausstattung von Organisation zu üben: In Komplexität ist es besser, mit wenigen, starken Prinzipien zu arbeiten als mit viel Methode und vielen Regeln. Ein Regelwerk muss die Kilometergeldpauschale enthalten, Hotelkostenvorschriften, Anweisungen über die Wahl des Transportmittels und darüber, wann man Economy fliegt oder in die Business Class darf. Für jedes Phänomen, jede Ausnahme muss dann eine neue Regel her. Ein einziges, wirksames Prinzip kann das alles ersetzen – vorausgesetzt, das Menschenbild stimmt und Regelung wird unterlassen: „Wir gehen sparsam mit allen unseren Ressourcen um."

Eine Organisation als Ganzes sollte aufgeräumt sein. Organisationshygiene bedeutet, die Organisation systematisch sauber zu halten wie den Arbeitsplatz oder den Kühlschrank. Die Organisation beständig von Methoden, Regeln, unwirksamen Instrumenten und Ritualen zu entrümpeln, zu putzen, zu desinfizieren.

Wie man Organisationsablagerungen aufspürt? Durch aufmerksames Hinschauen: Was funktioniert, was ist bloße Marotte? Wo wird X-Menschenbild unterstellt? Was hat sich erübrigt? Was wirkt komplizierend statt belebend? Wo wird Bürokratie mit Normalität verwechselt?

Boni/Anreize   Anwesenheitskontrollen

Key Accounting   Personalentwicklung   Assessment Center   Forecasting

Dress Codes   Mitarbeiterbeurteilung/-gespräche   Cross-Selling   Vertrieb

Matrix-Struktur   Kostenmanagement   Prozessmanagement

Organigramme   Meilensteine   Development Center

Budgetierung   Überstunden/Überstundenregelungen   Umlagen

Kernarbeitszeiten   Quoten   Projektmanagement   Chefparkplätze

Pay for Performance   Balanced Scorecards   Stellen/Stellenbeschreibungen

Zielvereinbarungen   Produktmanager   Mitarbeiterbefragung

Jobtitel   Individuelle Ziele   Kompetenzmanagement   Trainingsbudgets

Plan-Ist-Abweichungen   In Meetings entscheiden   Gehaltsbänder

Wissensmanagement   Reisekostenrichtlinien   Budgets   Qualitätsmanager

Vorschlagswesen   Business Units   Projektmanager   Shared Services

Business Partner   Standardkosten   Chefentscheidungen   …

{ **Wegräumen und Entrümpeln ist viel leichter, als eine Organisation mit etwas Neuem auszustatten. Entmisten ist besser als „überzeugen"; viel besser als zu „appellieren" oder abzuwarten, bis Erkenntnis vom Himmel fällt.** }

Teamkomposition

In roter Welt ist Teamleistung erforderlich, Einzelleistung reicht nicht aus. Jedoch: Menschen in Gruppen einzuteilen macht noch lange keine Teams. Das wird oft verwechselt – die entstehenden Gruppen dann fälschlich als „Teams" etikettiert. Teams aber sind Einheiten in einer Organisation, die gemeinsam den Auftrag haben zu leisten. Teams sind Leistungseinheiten.

Ein gemeinsamer Auftrag führt alleine nicht dazu, dass Teams gut funktionieren. In den meisten Organisationen wird viel über Teams gesprochen, es mangelt jedoch an geteiltem Wissen darüber, was Teams brauchen, um erfolgreich sein zu können. Teamkomposition ist mehr als kluge Menschen auszuwählen, die sich dann schon irgendwie zusammenfinden und arbeiten werden. Ganz andere Faktoren als individuelle Intelligenz sind erfolgskritisch für Teamleistung:

1. **Mitglieder bringen „diverse" Erfahrungshintergründe mit.** Wissen und Können bei der Zusammenstellung zu berücksichtigen reicht nicht – auch die unterschiedlichen Erfahrungen der Teammitglieder haben Einfluss auf die praktische Arbeit. Das Gegenteil ist, wenn alle aus dem gleichen Bereich kommen, ewig in der gleichen Fabrik gearbeitet haben.

2. **Es gibt keine Stars im Team.** Eine Illusion ist: „Stars" zögen „die anderen" mit. Jedoch: Sobald einzelne Teammitglieder den anderen signifikant überlegen sind, ergeben sich Unwuchten in Kommunikation und Interaktion. Zumeist fühlt sich dann ein Teil des Teams an den Rand gestellt und kaum in der Lage mitzuwirken. Nur gemeinsame Arbeit auf Augenhöhe im gesamten Team fördert die Leistungskraft.

3. **Innerhalb des Teams spielt Hierarchie keine Rolle.** Über- und Unterordnungen durch Formelle Struktur oder reale Machtpositionen reduzieren die Interaktionen; Leistungsfähigkeit sinkt. „Projektleiter" sind darum eine schlechte Idee.

4. **Das Team als Ganzes hat Freiraum, gemeinsam Entscheidungen zu treffen.** Mitverantwortung hebt die Qualität der Beiträge. Entscheider qua Position innerhalb von Teams sind damit nicht vereinbar.

5. **Teammitglieder haben Gelegenheit, sich von Angesicht zu Angesicht zu begegnen.** Kommunikation, die ausschließlich über E-Mail, Telefon oder Intranet läuft, reicht für echte Zusammenarbeit nicht aus. Das rein virtuelle Team wird kaum zum Hochleistungsteam werden.

6. **Vielfältige informelle Kopplung der Teammitglieder an „außen" ist gegeben.** Anregung durch andere Personen und Gruppierungen sichert, dass relevante Impulse und Ideen für die eigene Arbeit beschafft werden.

Teams funktionieren als Ensembles. Die Leistung entsteht nicht im Nebeneinander, sondern in der Interaktion.

Vorbereitungs-Räder

Wenn Planung aufgrund von Dynamik immer mehr ins Leere läuft, dann gilt es, rote Vorbereitung innerhalb aller Teams zu kultivieren. Anders als eine Planung ist Vorbereitung nie „fertig". Man bereitet sich ja immer weiter auf eine ungewisse Zukunft vor. Vorbereitung ähnelt insofern einem Rad, das sich ewig dreht.

Verschiedene Beta-Pionierunternehmen verwenden die Metapher des Rades für ihre Vorbereitungs- und Verbesserungspraktiken. Darunter Handelsbanken und Toyota, deren Plan-Do-Check-Act-Zyklus, popularisiert durch W. Edwards Deming, zu einer legendären, aber bis heute unterschätzen Praxis der Vorbereitung wurde.

Vorbereitung liegt immer die Idee der Iteration zugrunde. Iteration als zyklische Wiederholung in Richtung eines verbesserten Systems, die immer weitergeht. Die Idee der Iteration in Organisationen ist die, Spiralen wachsenden Wissens über das System zu erzeugen: Nicht beim ersten Mal soll der perfekte Zustand erreicht werden (das ist oft auch gar nicht möglich), sondern durch immer weiter und weiter Verbessern. Lieber viele kleine, wahrscheinliche Verbesserungen, als große, unwahrscheinliche.

Vorbereitung erteilt blauer Vorhersehbarkeit eine Absage. Anstatt vor einer Wanderung das Wetter perfekt vorhersagen zu wollen, sollte man sich lieber darauf konzentrieren, gute Ausrüstung, feste Schuhe und einen Regenschutz mitzunehmen. Wenn Teams sich vorbereiten – und dabei versuchen, eigenen Daseinszweck, Gegenwart, Leistungsfähigkeit und Weiterentwicklungspotenziale zu ergründen – dann ist das Ergebnis dieser Vorbereitung einerseits Dialog, andererseits eine Verschriftlichung in Form von Worten – eine Art Business Case oder Storytelling.

Nicht ein Zahlengerüst, quantitative und vielleicht verhandelte und konsolidierbare Zielwerte wie bei einer Jahresplanung oder Zielvereinbarung XXXXX. **Zahlen mögen Teil der Zustandsanalyse sein und insofern ein Element des Dialogs innerhalb von Vorbereitung – nicht jedoch ihr Ergebnis.**

Das greifbare Ergebnis von Vorbereitung in Teams kann aus einem Dokument von drei bis fünf beschriebenen Seiten bestehen. Das Dokument sollte erklären, warum was dringend ist, welche Ideen bzw. Vorhaben es für die Weiterentwicklung gibt und auch welche Erwartungen/Anforderungen an die Organisation existieren. Jedes Team sollte eine solche schriftliche Klärung mindestens einmal jährlich erarbeiten – idealerweise natürlich nach Bedarf und innerhalb eines organisationsweiten Vorbereitungsdialogs. Verschriftlichung hilft bei diesem Dialog. Die Arbeit an der Arbeit geht dann erst richtig los.

{ **Hören Sie auf zu planen und lassen Sie lieber alle Teams sich auf die Eventualitäten vorbereiten. Immer und immer wieder. Zahlen stehen am Beginn von Vorbereitung, sind aber nicht ihr Output.** }

Rote Feuerwehr

In Alpha-Organisation fragt man bei Problemen jemanden aus der Linie um Erlaubnis. Man ruft den Chef. In Beta-Unternehmen ruft die Peripherie, wenn's brennt, die Rote Feuerwehr. Denn zur Lösung roter Probleme jenseits des Alltags, die in der Peripherie entstehen, nützen Regeln, Prozesse, Vorschriften, Führungskräfte meist wenig. Helfen kann die Rote Feuerwehr: Also Könner aus dem Zentrum. Aber wie findet man die? Wie bringt man sie zur richtigen Zeit an den richtigen Ort, um das rote Problem zu löschen? Verzeihung: zu lösen?

Rote Feuerwehr ist eine Form der Sonderorganisation für Probleme jenseits der Routine, für Atypisches im Vergleich zum Normalbetrieb. In dieser Sonderorganisation können Rollenmodelle der Organisation spezifisch und temporär ausgehebelt werden, um denjenigen freie Bahn zu verschaffen, die Könner für das spezifische Problem sind. Viele Alpha-Organisationen schaffen das bereits – zumindest gelegentlich – über Nutzung ihrer Wertschöpfungsstruktur und Informelle Struktur. Zumeist ist hierfür aber eine Krise, ein Notfall oder vorherige Havarie erforderlich, die Formelle Struktur außer Gefecht setzt.

Für dauerhaft dynamik-robuste Wertschöpfung dagegen ist dauerhaft hohe Autonomie dezentraler Teams entscheidend. Wir nennen das Dezentralisierung. Dennoch können Teams vor Ort nicht immer alle Probleme selbst lösen. Bei manchen roten Problemen braucht es Hilfe vom Zentrum. Die muss jedoch so vonstatten gehen, dass dezentrale Autonomie nicht beschädigt wird. **Mithilfe der Roten Feuerwehr kann Peripherie für überraschende Besonderheiten Können vom Zentrum „leihen".** Die Wertschöpfung in der Peripherie wird dazu, wenn nötig unterbrochen und zur „Reparatur" an das Zentrum übergeben. Dort erfolgt die Problembearbeitung so lange als innovatives Projekt, bis sie an einen Prozess oder an die Peripherie zurückgegeben werden kann. Die Rote Feuerwehr bedarf insofern einer intelligenten Schnittstelle zwischen Peripherie und Zentrum.

Bei Roter Feuerwehr geht es nicht um Heldentum, sondern um den Einsatz von Könnerschaft und Erfahrung als Werkzeug zur Problemlösung – jenseits der Hierarchie. **Könner sind üblicherweise gerne dazu bereit, ihr spezifisches Können zu demonstrieren und in Anwendung zu bringen.** Sie sind aber nicht unbedingt gut darin, ihr Können zu erklären oder zu kodifizieren, sodass andere leicht mit ihnen üben können! Dennoch verfügen Menschen über informelles, „geheimes" Wissen über Könner und Könnerschaft in ihrer Organisationen. Dieses Wissen muss entstehen können – das braucht Zeit.

Die Nutzung der Roten Feuerwehr setzt die Fähigkeit zu dem voraus, was wir Vorderbühnenlernen nennen. Das heißt eigenes Lernen kann und darf auf der Vorderbühne demonstriert und gezeigt werden. Man darf „öffentlich" lernen. Ist dies nicht oder nur schwer möglich oder wird Lernen sogar tabuisiert, dann beginnt die Organisation unter schwerer Lernbehinderung zu leiden. Sie verblödet.

{ **In Alpha-Organisationen holt man den Boss, wenn´s brennt. Dann wird gelöscht. In Beta-Organisationen holt man die Rote Feuerwehr, die Probleme lösen kann – und manchen Brand sogar verhindert.** }

Agile Projektarbeit

In der Projektarbeit gibt es eine große Lücke zwischen Anspruch und Wirklichkeit.
Denn Projektarbeit war und ist stets von hoher Dynamik geprägt – oder sie verdient
diesen Namen nicht. Der rote Anteil an der Wertschöpfung ist hier naturgemäß hoch,
das Basisrepertoire des Projektmanagements besteht im Kontrast dazu fast durchgängig aus blauen Methoden: Projektsteuerung durch Projektleiter/Komitees/Ausschüsse,
Meilensteine, Formulare, Tabellen, Pläne, Budgets und Abweichungsanalysen, Konfigu-
rationsmanagement und vieles mehr. Das ist schon seit der Erfindung der Projektmanagement-Methode durch Pioniere wie Henry Gantt so. Die Wirklichkeitskonstruktio-
nen in der Projektarbeit haben sich dramatisch von der Realität entfernt.

Insbesondere in Softwareentwicklung, Engineering und Design führte das in den letzten Jahrzehnten zu Gegenbewegungen, zu unterschiedlichen Spielarten evolutionär-
iterativer, auch konzeptionell untermauerter Projektarbeit. **Die besten dieser Ansätze
sind prinzipiengeleitet und firmieren unter Begriffen wie Scrum, Agile (Agile Entwicklung) oder Rapid Prototyping.**

Diese Ansätze verbindet die Einsicht, dass Projekte sich nicht steuern lassen; dass Meilensteine im Kontext von Überraschungen keine gute Idee sind; dass kein Projektleiter dynamische Arbeit koordinieren kann, auch nicht mit Plänen, Formularen und Tabellen. **Sie überwinden zudem den falschen Glaubenssatz, dass das Projektergebnis zu Beginn eines Projekts genau feststeht und dem Auftraggeber bekannt ist.**

Gegenentwürfe zu blauer Projektmanagement-Methode beruhen stets auf Prinzipien wie der Iteration. Das Ergebnis ist nicht „in fünf Jahren fertig" – sondern „laufend besser werdende Versionen" befinden sich in permanenter Anpassung. Es wird schnell ausprobiert, experimentiert und verworfen, statt allzu gründlich vorzudenken, zu planen und anschließend „auszurollen". Ergebnisse sind stets „vorläufig" und werden regelmäßig, in kurzen Abständen an den Auftraggeber oder Nutzer geliefert – z.B. täglich, wöchentlich, „in vereinbarten Sprints".

Selbstorganisation in Teams ist ein weiteres Prinzip Agiler Projektarbeit. Teammitglieder entscheiden jederzeit (nicht zu vorgegebenen Zeitpunkten) eigenständig und mit Blick auf Kundenbedürfnisse (nicht Chefs), was sie auf welche Weise mit welchen Tools erledigen. Dabei spielen regelmäßig testfähige Prototypen oder auch Visualisierungen wie Scrum Boards eine Rolle, mit deren Hilfe Arbeit in Aufgaben oder kleinste ganzheitliche Teile zerlegt, priorisiert sowie transparent und engpassorientiert geführt werden kann. Hierarchische Koordinationsmethoden wie die Projektleiterrolle, Steuerungskreise und Ausschüsse sollten zugunsten von selbstorganisationsfähigen Kommunikationsformaten („Daily Standups") und Meistern (z.B. „Team Coaches", „Scrum Master") entfallen.

Es entsteht ein chaotischer, höchst komplexer Entwicklungspfad, der selbst nicht vorhersagbar, dafür aber effektiv ist und zum Ziel führt. Das ist das Wichtigste: am Ziel ankommen – Pläne hin oder her.

{ **Projektmanagement beraubt Projektteams ihrer wertvollsten Ressourcen: Intuition, Improvisationsfähigkeit, Könnerschaft, Konsultation, Reaktion, Dialog. Agile Projektarbeit bringt soziale Dichte, Kollaboration und Selbststeuerung in Projekte zurück.** }

Innovationszeit

Von nichts kommt nichts. Das ist auch bei Innovation so. Innovation braucht Zeit, in der dauerhaft, gemeinsam tüftelnd, verwerfend und dem eigenen Antrieb folgend, aus kruden Ideen wertschöpfende Innovationen entstehen können.

In Dynamik ist Innovation nicht mehr etwas, über das man sich freut, wenn es zufällig entsteht: Innovation wird lebensnotwendig. Gelegentliches Brainstorming (eine inzwischen überholte Methode), Hoffnung auf geniale Einzelkämpfer, Entwicklungs-Ab-teilungen und mechanistisches Ideenmanagement reichen nicht mehr aus.

Innovationszeit liegt die Annahme zugrunde, dass Kreativität und Innovation nicht Sache oder in der Verantwortung weniger „Experten" sein sollten, sondern Angelegenheit aller Organisationsmitglieder. Der Erfolg organisationsübergreifender Crowdsourcing-Projekte und -Experimente macht deutlich: Die Herausforderung besteht darin, das prinzipiell unendliche Innovationspotenzial großer Gruppen zu heben. Innovationszeit bedeutet, dazu diejenige große Gruppe zu nutzen, die man schon im Hause hat: die der Mitarbeiter.

Ein Format, das zeigt, wie das gelingen kann, ist die „20-Prozent-Zeit" – durch Firmen wie W.L.Gore, 3M und später Google bekannt gemacht – aber dennoch recht wenig verbreitet. Das Prinzip dabei: Jeder Mitarbeiter steckt rund ein 1/5 der wöchentlichen Arbeitszeit, d.h. rund einen Tag pro Woche, in eigene oder fremde (!) Ideen für Produkte oder sonstige Innovationen.

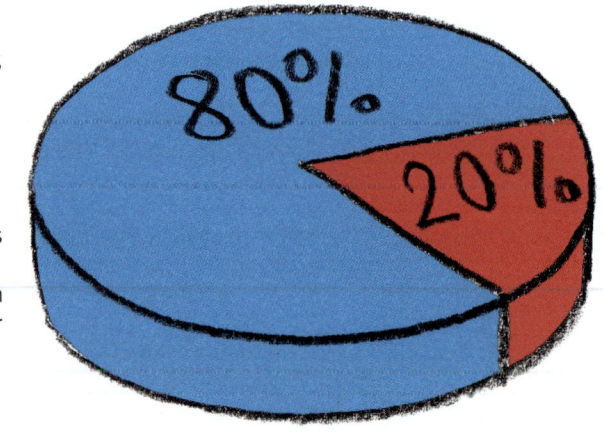

Treiber ist nicht der Kunde und dessen vermeintliches Wissen um eigene künftige Bedürfnisse, also Marktforschung. Sondern konkrete Ideen beliebigen Ursprungs und die Kreativität der Mitarbeiter. Es geht darum, tatsächlich überraschende Produkte zu schaffen und insofern dem Markt und dem dort vorhandenen Wissen voraus zu sein.

Das darf nicht mit Richtungslosigkeit oder Beliebigkeit verwechselt werden: Innovation braucht Begrenzung, Rahmen. Dieser kann einerseits durch die Sphäre der Geschäftstätigkeit geliefert werden – andererseits auch durch Mechanismen wie das interne Crowdfunding. Hier liefert W.L.Gore ein bewährtes Beispiel: Jeder Mitarbeiter hat Zugriff auf eine Anstoßfinanzierung für jede Businessidee – sagen wir EUR 10.000. Wird nach erstem Tüfteln mehr gebraucht – vor allem Zeit und mehr Geld –, muss beides von Kollegen erworben werden: Es müssen sich andere in der Organisation finden, die das Projekt unterstützen. Zeitlich sowie materiell. Ein interner Innovationsmarkt diszipliniert den kreativen Prozess.

Welche spezifischen Bedingungen oder Formate zur Ausgestaltung von Innovationszeit am besten wirken, hängt vom Tätigkeitsfeld der Organisation und Faktoren wie der geografischen Verteilung ab. Gerade in technologiegetriebenen Unternehmen gilt der 20%-Ansatz als populär, aber auch sporadische oder regelmäßige Hackathons, Codefests, BarCamps oder Skunkworks. Aber: Dauerhaft und systematisch kreative Leistung erzeugen zu müssen ist in roter Dynamik kein Privileg bestimmter Branchen mehr.

{ **Innovation in Ab-teilungen zu organisieren, budgetgetrieben zu steuern und prozesshaft zu managen ist nicht weise. Kreativität ist keine Stelle. Alle sollten mit-kreieren.** }

Arbeitsplatzauflösung

Im Industriezeitalter waren Arbeitsplätze fest. Sie mussten dort angesiedelt werden, wo die Produktionsanlagen und -mittel standen. Dieser zwingende Zusammenhang spielt in Produktionsunternehmen noch heute eine Rolle. In der Administration folgte man einem verwandten Prinzip: Arbeitsplätze wurden hier mittelbar Produktionsmitteln beigeordnet, vor allem aber Stellen oder Positionen. Kombiniert mit dem Konzept tayloristischer Steuerung entstanden so Arbeitsplatzformate für Personen und Gruppen, die nicht einfach räumlich Arbeitsraum verfügbar machten und Kontrolle ermöglichten, sondern zugleich Status und Macht der Position symbolisierten.

Größe der Büros, Anzahl der Fenster, Qualität des Mobiliars, Vorzimmer oder nicht, Chefetagen, -kantinen, -aufzüge – Statussymbole hatten nie mit Effektivität kollektiver Arbeit zu tun, sondern mit Kontrolle und Vermittlung von Rang, Position, Hierarchie. **Das Prinzip „Arbeitsplatz folgt individueller Position und Status" beginnt Wertschöpfung immer mehr zu behindern, wenn diese sich von den Maschinen löst und im Zwischenraum zwischen Menschen zu entstehen beginnt.** Die Konzepte des Job Enrichment, Job Enlargement, Gruppenarbeit, Inselfertigung und Kernarbeitszeiten waren frühe Ausprägungen der Aufweichung des Stellenprinzips zugunsten der Erweiterung individueller Rollenspektren. In Komplexität geht es jedoch um mehr.

In roter Wertschöpfung werden aus dem einen, zeitlich geregelten Arbeitsplatz multiple, verteilte Arbeitssettings. Arbeitsraum muss hier menschlicher Interaktion und Rolle folgen – nicht Produktionsmitteln. Und sich darum auflösen – zeitlich, medial und geografisch. Diese Auflösung findet bereits statt. Gab es früher zu jeder Stellenbeschreibung einen Arbeitsplatz, so braucht es heute, bei multiplen Rollen und komplexen Aufgaben entsprechende Vielfalt von Settings: Jede Rolle braucht geeignete räumliche, zeitliche und technisch-mediale Angebote, die der Arbeit bzw. ihren Funktionen angemessen sind. Auch die Settings, in denen Teams oder Gruppen zusammenkommen, sollten der Natur der jeweiligen Wertschöpfung und ihren Konstellationen dienen – nicht den Routinen sozialen Theaters.

Teile meiner Arbeit erfordern Vis-à-vis-Interaktion und Nähe zu Kollegen – für andere Aufgaben dagegen brauche ich Ungestörtheit zur Konzentration! Das fällt den meisten Menschen im Großraumbüro eher schwer. **Die Lösung ist eben nicht der ideale Arbeitsplatz, sondern mehrere ideale Settings.**

Das Homeoffice ist nicht die Lösung: Weil „Büro" nicht das Problem ist, sondern dynamische Wertschöpfung. Werden Homeoffice-Arbeitsplätze mit fixierten Zielvorgaben versehen, die der Beobachtung der Arbeitnehmer in ihrer vermeintlich „freien Zeit" dienen, dann ist das kein Fortschritt gegenüber den Stücklohn-Heimarbeitsplätzen des Industriezeitalters. Arbeit von Zuhause ohne Integration in gemeinsame Wertschöpfung mit Kollegen erzwingt Isolation und mangelnde Einordnung der eigenen Tätigkeit in den Kontext. Homeoffice-Silos sind die Folge. Daheim zu arbeiten kann Ergänzung zu Rollen-Arbeitsplätzen „im Unternehmen" sein, mehr nicht. Kantinen als Arbeitsplätze, Cafés, Plätze, Schreibtische und Ruheräume als Arbeitsplätze. Egal als Arbeitsplätze.

In der zeitlichen Dimension bedeutet Arbeitsplatzauflösung die Abkehr von festen oder halbfesten (Kern-)Arbeitszeiten – hin zur intelligenten 7-Tage-Woche mit kollegialen Vereinbarungen, technisch angemessener Ausstattung ohne Überwachung durch Chefs und IT sowie Rückgabe der Verantwortung für die eigene Zeit an mündige Mitarbeiter, die sich der Wertschöpfung bewusst sind.

Bei alledem müssen Arbeitssettings neben Compliance und Wertschöpfung auch die Informelle Struktur fördern. Menschliche Zusammenarbeit braucht „Face Time", braucht gelegentliches „Sich-riechen-können". Nicht nur, aber auch. Arbeitsplatzauflösung soll nicht Begegnung und Durchmischung reduzieren, sondern dramatisch erhöhen! Das darf keine Frage der Kosten sein – es ist eine Frage des sozialen Klebstoffs.

{ **Der Arbeitsplatz ist tot, hoch lebe das intelligente Arbeitssetting: Geografisch, zeitlich und medial divers, den Erfordernissen der Wertschöpfung und sozialer Interaktion angemessen.** }

Prozess versus Projekt

Ein Prozess ist eine regelbasierte Beschreibung von Arbeit. Prozesse sind perfekt für den blauen, wiederholbaren Anteil von Wertschöpfung geeignet. Eine blaue Prozessbeschreibung lässt sich für künftige Durchläufe und zur weiteren Verbesserung nutzen. **Arbeit mit relevanten überraschenden Anteilen dagegen kann erst beschrieben werden, wenn sie vorbei ist.** Für diese rote Arbeit ist das Format des Projekts geeignet: Hier werden Könner oder Meister direkt in die Vorgänge integriert – die Notwendigkeit von Beschreibung entfällt.
Die beiden Bedarfe und Formate sollte man nicht verwechseln.

Prozess

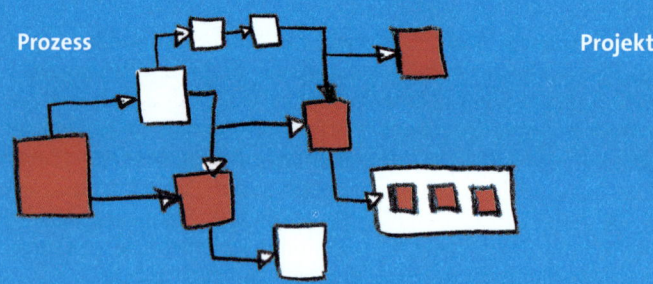

Projekt

Sobald sich in der roten Domäne Abläufe wiederholen, sollten daraus Prozesse werden. Das nennt man Rationalisierung. Wenn ein Prozess ständig modifiziert werden muss, dann sollte die Arbeit zukünftig in einem Projekt abgewickelt werden. Das nennt man Individualisierung.

Prozess und Projekt bedürfen unterschiedlicher Haltungen – sie erzeugen auch unterschiedliche Kulturen: Die Projektarbeit braucht eher „kreativ-mutige Chaoten und Tüftler", die prozessuale Serienfertigung eher „sorgsam-ordnungsliebende Aufseher und Pfleger". Dieselbe Person kann sich in Projekten und Prozessen zuhause fühlen. Der intelligente Grenzverkehr zwischen Projekt und Prozess bezieht sich nicht auf Menschen, sondern auf Aufgaben. Er ist entscheidend für organisationale Effektivität.

{ **Der Prozess ist der Feind des Projekts. Beide Sphären mischen sich nicht – es braucht bewusste Grenzziehungen und Übergänge.** }

Kapitel

5 Komplexithoden für Lernen

Wachstum & Entwicklung entfesseln

Integration & Mentale Hygiene

Der erste Arbeitstag in einem neuen Unternehmen ist meistens eine aufregende Angelegenheit. Die Entscheidung für den neuen Job ist getroffen – aber bin ich der neuen Aufgabe fachlich gewachsen? Wichtiger noch: Passe ich ins Unternehmen, das Team, zur Art des Umgangs miteinander und zur Arbeit allgemein?

Neue Kollegen an Bord zu nehmen bedeutet aus Sicht der Organisation viel mehr, als sie freundlich zu empfangen und in die Arbeit einzuführen. In roten Märkten und roter Wertschöpfung geht es bei der Integration neuer Mitglieder ums nackte Überleben. Je höher die Dynamik, desto mehr fallen Chefs, Vorgaben, Regeln, Pläne und Prozesse als wirksame Mechanismen zur Produktion organisationaler Ordnung aus. **Organisation ist darauf angewiesen, von Folgsamkeit auf Achtsamkeit umzustellen.** Es gilt, möglicher Entfremdung der Organisationsmitglieder untereinander vorzubeugen, die leicht den Zerfall der ganzen Organisation zur Folge haben könnte.

Integration handelt einerseits davon, neuen Mitgliedern nach beiderseitiger Beitrittsentscheidung schnellen Zugang zu den „Gepflogenheiten", dem Stil der Organisation zu verschaffen. Je besser und je nachhaltiger das gelingt, desto schneller kommen neue Organisationsmitglieder ins erfolgreiche, selbstgeführte Arbeiten. Dabei geht es darum, die praktische Arbeit zu erklären, aber auch die Organisation an sich: Ihre Prinzipien, das Geschäftsmodell, die Sphäre der Geschäftstätigkeit: So machen wir die Dinge hier! Das sind die geschriebenen und ungeschriebenen Gesetze! So lösen wir Probleme! Geht die Kohäsion sukzessive verloren, dann ist zunächst Verrohung im Verhalten beobachtbar. Man bemerkt allerhand „Kommunikationsprobleme", man „versteht sich nicht", hat andauernd Konflikte und erleidet Havarien. Leichtigkeit in der Zusammenarbeit schwindet. **Die Fähigkeit, neue Mitglieder zu integrieren, ist entscheidend dafür, wie reibungslos die Organisation künftig laufen kann.**

Bei ganz kleinen oder wenig wachsenden Organisationen ist diese Aufgabe überschaubar. Je stärker ein Unternehmen wächst, desto wichtiger wird Integration. Hier macht sie aber auch eine Menge Arbeit – weil es so viele Neue gibt! Neue Mitglieder sind wie ein reißender Fluss, der ständig die Kultur auszuwaschen droht. Zur Bewahrung des speziellen Spirits der Gründungsphase, der organisationseigenen Ecken und Kanten, der Einzigartigkeit jenseits relativ leicht kopierbarer Leistungen, Produkte,

Geschäftsmodelle muss man sich gegenseitig die Organisation erklären – anders geht es nicht. Verschriftlichung hilft – es braucht aber auch das Gespräch.

Die vielleicht schönste Ausprägung dieser Komplexithode ist das Artefakt des Propellerhuts bei Google. Jeder neue Kollege oder „Noogler" muss einen solchen Propellerhut während der ersten Wochen im Unternehmen tragen. Was zunächst wie ein albernes Accessoire erscheint, ist in Wirklichkeit ein wirksames Werkzeug der Organisationsentwicklung: Dem Noogler muss der Googler ja alles erklären – einschließlich aller Hintergründe und Geschichten. Der Neue ist wie ein leeres Gefäß – er kann keine Ahnung haben, wie wir ticken! Für den Noogler muss man sich Zeit nehmen, mit ihm reden, Verständnis und Geduld aufbringen. Ihn dabei anleiten, sich die Gesetze der Organisation zu eigen zu machen. *Du suchst die Reisekostenrichtlinie? So etwas haben wir nicht. Du kannst dir eine schreiben – aber erwarte bitte nicht, dass wir Googler uns an deine Richtlinie halten.* Da ist es praktisch, dass man jeden Noogler gleich am Propellerhut erkennt. So kann man ihm jederzeit helfen und weniger ahnungslos machen. Das ist Auftrag aller, in jedem Moment der Integrationsphase – und darüber hinaus.

Man könnte sagen, bei Integration geht es um Brainwashing im originären, taoistischen Wortsinn. Um geistige Reinigung, die „jeder mit sich selbst macht", als „Waschung des Herzens und der Seele", bevor gewisse Zeremonien ausgeführt werden oder man bestimmte heilige Orte betritt. Mentale Hygiene dient nicht dem Zweck der Manipulation, sondern als Gefäß notwendiger Reflexions- und Bewusstseinsarbeit, die wiederum Mittel zur Selbstführung und der Erhaltung kollektiver Identität ist. Mentale Hygiene ihrer Mitglieder als Mittel zur Herstellung organisationaler Kohäsion und Zukunftsfähigkeit.

> **Die Gangart einer Organisation wird maßgeblich von Einstellungen und Haltungen ihrer Mitglieder – mitgebracht und angelernt – bestimmt. Das wird oft unterschätzt.**

Kulturbeobachtung

Kultur ist Teil des unruhigen Gedächtnisses einer Organisation. Man könnte auch sagen: Unternehmenskultur ist wie ein roter Schatten. Man kann ihn beobachten, ihn schön finden oder weniger schön. Es gibt ihn, man kann ihn aber nicht verändern – obwohl er selbst sich ständig verändert.
In Amerika würde man sagen: *Culture is read-only.*

Dennoch reden wir gerne von Organisationskultur, als sei sie ein gestaltbares oder machtvolles Wesen. Wir sprechen von der Risikokultur eines Unternehmens. Von einer Kostenkultur bzw. von zu wenig davon, von einer Kultur der Verschwendung oder der Korruption. Von mangelnder Qualitätskultur. Von (einem Mangel an) Fehlerkultur. Ist unsere Kultur reif für dieses Tool oder jenen Change? Können wir das denn mit unserer Kultur? Wir machen jetzt Kulturentwicklung! Alles Schattengefechte. Denn an Kultur kann man nicht arbeiten. Man kann nur an der Organisation selbst arbeiten.

Kultur hält uns nicht fest, sie bestimmt auch nichts. Sie zeigt nur, was heute „normal" ist und was nicht. Was üblich ist und was zum „Stil" der Organisation gehört. Damit ist Kultur von Natur aus konservativ: Man kann sie nicht fragen, ob sie gerne anders wäre. Sie hinkt immer etwas hinterher und sie ist schamlos: Nicht nur das Offizielle und Gewünschte spiegelt sie uns wider. Sondern auch die Hinterbühne und das Hässliche. Das, wo wir vor ein paar Jahren oder vor wenigen Monaten geschlampt oder uns vor einer unangenehmen Entscheidung gedrückt haben. **In diesem Sinne ist Kultur unbarmherzig.**

Kultur lässt das Verrückte normal werden und viel Normales verrückt erscheinen. Sie assimiliert ihre Mitglieder – erbarmungslos. Kultur ist in der Lage, Irrsinn unsichtbar zu machen und das Irrsinnige logisch erscheinen zu lassen. **Dies ist auch der Grund, warum Mitarbeiterbefragungen und Kulturerhebungen Verschwendung sind:** Man fragt die Falschen nach dem Falschen. Sinnvolle Antworten sind unwahrscheinlich – Wirksamkeit und Konsequenz unmöglich.

Auf der anderen Seite sind „neue" Mitarbeiter, neue Führungskräfte und Externe eine wertvolle Ressource für denjenigen, der tiefgreifende Veränderung erzeugen will und sich „bessere" Kultur wünscht. Neue Kollegen sehen den Wahnsinn noch: Für Neue ist die Organisation ja neu und (noch) nichts normal – bis sie nach drei oder sechs Monaten im Unternehmen selbst von der Kultur vereinnahmt sind.

Kultur als Changewerkzeug verstanden ist so etwas wie eine Camera Obscura. Das neue Organisationsmitglied und Fremde können durch sie hindurchschauen auf das Wesen der Organisation. Manchmal stehen die Dinge Kopf, sehen lustig aus oder scheinen verschwommen, wenn man Kultur beobachtet. Die Büros, die Kaffeeküchen, die Wandaushänge, die Kantine, das Intranet, die Meetings, die Rituale. Zumindest bis das Gehirn sich an den Anblick gewöhnt. Nutzen Sie die Neuen. Kulturbeobachtung allein nützt jedoch nichts – man muss auch Handeln. Denn: Wenn Ihnen die Kultur nicht passt, dann müssen Sie schon an der Organisation arbeiten. Der Kultur ist es egal, was Sie sich denken oder wünschen.

{ **Jede Organisation hat exakt die Kultur, die sie verdient.** }

Dringlichkeitsarbeit

Es ist ein offenes Geheimnis: Die meisten Change-Vorhaben scheitern. Viele versanden, nicht wenige werden abgebrochen, einige zünden irgendwie nicht. Auf der anderen Seite fühlen sich Mitarbeiter „totgechanged". Ob sie es nun sind oder nicht.

Dringlichkeit ist etwas anderes als „wichtig". Dass es Dringlichkeit gibt und dass sie nutzbar ist, widerlegt die gleichermaßen populäre wie falsche These, Veränderung sei nur dann möglich, wenn Krise ist. Denn natürlich ist Veränderung immer. Dringlichkeit ist immer dann vorhanden, wenn in einer sozialen Gruppe die gefühlte Erkenntnis herrscht: Wir müssen sofort gemeinsam handeln.
Wir. Gemeinsam. Jetzt. Unbedingt.

Dringlichkeit hat stets zwei Seiten: eine sachliche und eine emotionale – sie ist eine Sache von Hirn und Herz gleichermaßen. Fakten allein reichen nicht. Wird die Sachlichkeit umarmt, während emotionale Kopplung fehlt, dann ist die Sache vielleicht wichtig, aber die Energie dafür, Veränderung gemeinsam durchzustehen, wird kaum aufgebracht werden. Gibt es umgekehrt emotionale Kopplung ohne die sachliche Identifikation, sind Verebbung und Versandung wahrscheinlich.

Eine übliche Herangehensweise an Veränderung ist, zu erklären, dass die Organisation zu teuer, nicht rentabel oder gefährdet ist – und deshalb Kosten eingespart werden müssen. Eine klassische Symptombeschreibung. Der Soforteffekt: Ablehnung. Die Alternative ist, die Situation so zu erklären, wie sie ist. Offen zu legen, wo wir stehen – und wo der Wettbewerb. **Für Dringlichkeit bedarf es der Neugier zu verstehen, warum das so ist und gemeinsam zu überlegen, welche Handlungen uns nach vorne bringen** – unsere Wettbewerbsfähigkeit verbessern.

Dringlichkeit kann nicht beschworen, nicht beschlossen, nicht verordnet, nicht kaskadiert werden. Sie ist freiwillig. Aber man kann an ihr arbeiten – die Dringlichkeitstemperatur erhöhen und damit Veränderungsenergie nach vorne richten. Das ist so wie eine Skala von 0 bis 100, bei der erst ab einem gewissen Grenzwert, einer bestimmten Temperatur wirklich Bewegung entsteht. Dann fügen sich die Dinge. Wenn Dringlichkeit hoch ist, wird nicht mehr diskutiert, es entsteht Bereitschaft, Beiträge zu leisten. Es gibt Neugier zu verstehen. Die Veränderung kommt in die Gänge.

Dringlichkeit erfordert gemeinsame Bilder von Change – trotz aller Unterschiedlichkeit der Akteure. Entscheidend ist, vielfältige kommunikative Angebote zu machen, um Anschlussfähigkeit an die Dringlichkeit zu ermöglichen. Das ist keineswegs nur Aufgabe von Führungskräften. Denn nicht nur Hierarchie, auch Einfluss und Reputation spielen eine Rolle sowie auch die Glaubwürdigkeit derjenigen Personen, die für die Veränderung werben. Menschen haben eine ausgesprochen gute Nase dafür, ob es andere mit Veränderungsvorhaben ernst meinen oder ob diese mehr anderen Interessen wie der individuellen Profilierung dienen.

> **Verstehen, Hoffnung, Identifikation mit der Sache und anderen – Dringlichkeit ruht stets auf diesen drei Säulen.**

Change-als-Reise versus Change-als-Flippen

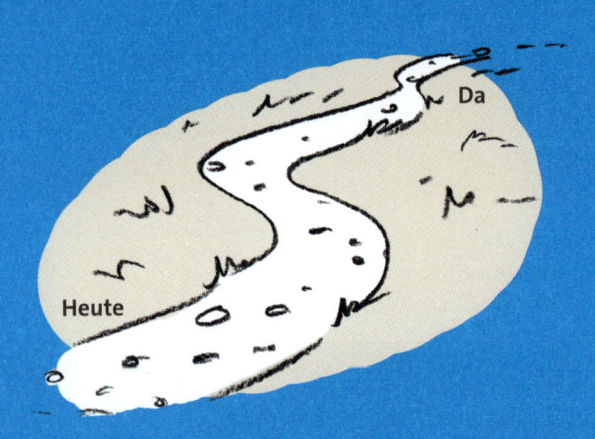

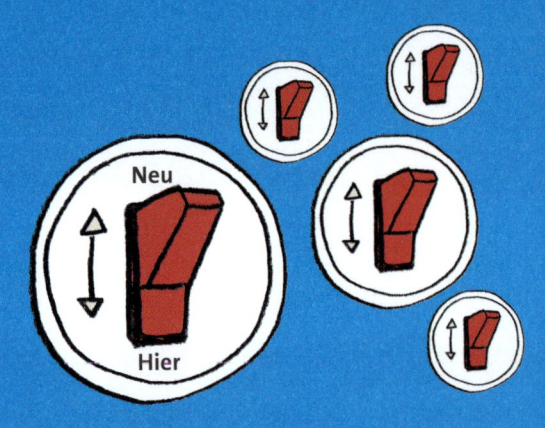

Die am weitesten verbreiteten Metaphern zum Thema Change bedienen sich des Bildes der Reise. Vom heutigen Zustand (oft Status quo genannt) zum beabsichtigten Zustand (auch: Vision). Der Zielzustand wird in dieser Metapher als ein weit entfernter Ort oder als in ferner Zukunft gelegen beschrieben.

Diese Vorstellung von Veränderung idealisiert Change als „kontrollierbaren Prozess", zusammengesetzt aus einer Abfolge konkreter Schritte oder Phasen, Stufen oder Etappen. Sie verleitet uns anzunehmen, dass wir eine Karte anfertigen können – vom gegenwärtigen hin zum beabsichtigten Zustand. Wir nennen diesen Ansatz *Geplanten Change*. Change Management, wie wir es kennen, ist: Planung und Kontrolle der Veränderungsreise.

Die alternative Metapher: Change ist ein Flippen von Hier (dem heutigen Zustand) nach Neu (dem beabsichtigten Zustand). Wichtig daran: Sowohl Jetzt als auch Neu befinden sich in der Gegenwart – nicht „weit entfernt" oder in der Zukunft! Das Neue kann gleich und jetzt produziert werden. Viele kleine Umstellungen oder Flips ergeben viele Veränderungseffekte – jeder Flip für sich produziert dabei Change.

Die Idee des *Emergenten Change* oder des kontinuierlichen Flippens von Hier nach Neu im Jetzt berücksichtigt, dass Veränderung sich in komplexen Mustern vollzieht, die weder vorhergesehen, noch kontrolliert werden können. Wir können sie nur beobachten und durch Flips, also Handlungen mit Veränderungspotenzial, anregen.

{ **Tiefgreifende Veränderung, anders als Problemlösung, erfordert eine Sequenz von Flips. Oder „viele" Flips. Flippen ist nicht dazu gedacht, jemals vorüber zu sein – Change ist keine Reise!** }

Realitäts-Change und Wahrnehmungs-Change

Jede Veränderung findet zweimal statt: In der Realität des Handelns und in der Wahrnehmung. Wir müssen nicht nur die Dinge verändern, sondern auch die Art wie wir Dinge sehen.

Die meisten Organisationen sind recht gut darin, Dinge zu verändern, und weniger gut darin, die Stereotypen, Muster, Paradigmen und Dogmen zu verändern, die unsere Wirklichkeitskonstruktion ausmachen. **Die Arbeit an der Wahrnehmung ist die oft vergessene Hälfte von Change.**

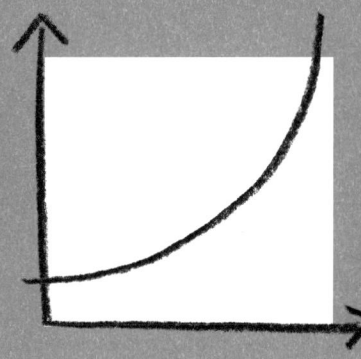
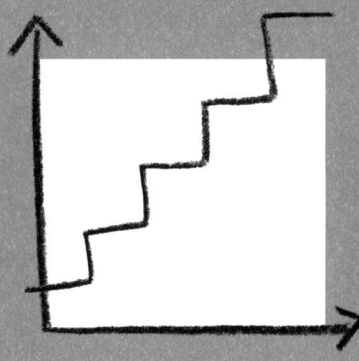

Arbeit an Realität – braucht Aktion, Handeln
- Herausforderung für Teams
- Passiert ständig, kontinuierlich
- Bringt etwas Neues ins System
- Input: praktische Ideen, nützliche Vorschläge
- Wirkung ist beobachtbar, oft messbar

Wir nennen diesen Teil von Change Kreation.

Arbeit an Wahrnehmung – braucht Reflexion, Denken
- Herausforderung für das Individuum
- Passiert in Sprüngen, in Augenblicken
- Erzeugt Vorstellungskraft von etwas Neuem
- Inputs: Fragen, Überraschung, merkwürdige Ideen
- Wirkung ist nicht messbar, manchmal beobachtbar

Wir nennen diesen Teil von Change Entdeckung.

{ **Veränderung ist keine Option – die Option ist das „Was" und das „Wann".**
Change hat immer zwei Seiten: Arbeit an der Arbeit und Arbeit an der Wahrnehmung. }

Koalition für den Wandel

Erfolgreiche Transformation von Unternehmen, jede tiefgreifende Veränderung wird immer von einer Gruppe von Menschen aus der Organisation durchgetragen, die ihr unterschiedliches Können in den gemeinsamen Dienst des erfolgreichen Wandels stellen. Wer die Personen sind, auf die es in schwierigen Zeiten ankommt, ist Teil des informellen Wissens jeder Organisation. Jede Organisation verfügt bereits über einen solchen Kern an Menschen, eine sogenannte Kerngruppe. Der Unterschied zwischen Kerngruppe und Koalition ist, wie sich ihre Mitglieder zueinander stellen.

Die Bildung einer solchen „Koalition für den Wandel" ist ein komplexer sozialer Prozess. Die Mitglieder der Kerngruppe müssen sich finden und zu einer verschworenen Gemeinschaft zusammenwachsen, die den Auftrag annimmt, die Veränderung zu führen – im Auftrag der Organisation. Nicht aber, die Organisation selbst zu führen!

Jeder Versuch, die Bildung der Koalition für den Wandel zu managen, auch durch Beratung, führt zu fragilen Konstellationen, die bei überraschenden Herausforderungen schneller als gedacht zerbrechen. Der wesentliche Erfolgsfaktor einer Koalition ist ihre informelle, soziale Dichte. Dies unterscheidet sie von geübten und üblichen Konstellationen aus der Alpha-Organisation – wie dem Gremium, dem Ausschuss oder dem Arbeitskreis. Wenn während der Bildung einer Koalition Proporz-Kriterien vorgeschlagen werden, weiß man, dass man auf dem Holzweg ist.

Der Transformationsauftrag ist eine rote Aufgabe. Insofern kann eine Koalition auch nicht Prozessmodellen folgen oder die eigene Arbeit in klare, blaue Aufgaben und Zuständigkeiten zerlegen. Gefragt sind unterschiedliche Beiträge von Können, Erfahrung, formeller Macht und informellem Einfluss, Kommunikationsfähigkeit und Rollenverhalten.

Gegner integrieren zu wollen, ist der Tod einer Koalition. Es ist eine Illusion zu glauben, Skeptiker durch Integration, Nähe oder Vereinnahmung beherrschen zu können – vielmehr gibt man ihnen die Macht zur Verhinderung. Denn: Grundsätzliches muss in der Koalition stehen – es darf in der Koalition nicht infrage gestellt werden. Gegner gibt es in einer Organisation immer. Es sind stets wenige, nie viele. **Sie gehören nicht „nahe dran", sondern nach Galapagos.**

{ **Eine Koalition muss die Herausforderung meistern, sich einig im Grundsätzlichen zu sein und mit Rollen zu spielen. Sich gegenseitig Raum zu geben, ohne dass ein Blatt zwischen ihre Mitglieder passt.** }

Tandemgespräche

„Man kann nicht nicht kommunizieren", formulierte einmal Paul Watzlawick. „Organisation ist reine Kommunikation", sagte Niklas Luhmann. Alles ist Kommunikation. Damit ist allerdings nicht gemeint, dass es überflüssig wäre, leistungsfähige und angemessene Kommunikationsformate zu schaffen. Gerade wenn es darum geht, Veränderung zu erzeugen oder zu bewältigen. Genau an dieser Stelle haben die meisten Organisationen blinde Flecken.

In Change wird meist zu wenig kommuniziert. Nicht etwas zu wenig, sondern viel zu wenig! Mitarbeiter werden nicht oder viel zu spät einbezogen. Kommunikationsangebote sind deutlich mehr aufs Senden denn aufs Empfangen von Information ausgerichtet. Noch dazu wird meistens von oben nach unten gesendet. Gerade in Veränderungssituationen kommt es aber auf Dialog und Diskurs an, an dem möglichst viele Menschen beteiligt sind. Nicht nur einmal, sondern so oft wie eben nötig. In der Regel heißt dies: Immer wieder, hundert- oder tausendfach.

Ein musterbrechendes Kommunikationsformat, das alle Anforderungen an wirksame Kommunikation erfüllt, ist das Tandemgespräch. Ein Tandemgespräch wird stets von zwei Mitgliedern des Kernteams, der Koalition oder eines Changeteams angeboten: Dem Tandem. Es gibt bei einem Tandemgespräch ein Thema, aber keinen Vortrag, keine Präsentation, keine Agenda, keine Entscheidungen, kein formelles Protokoll: Das Tandemgespräch dient ausschließlich dem Dialog. Maximal 12 Teilnehmer sind pro Gespräch zugelassen – denn in größeren Gruppen wird es unwahrscheinlich, dass alle sich in den Diskurs einklinken können. Interessierte melden sich im Vorfeld an, bei 12 Teilnehmern ist Schluss. Jedes Tandemgespräch ist auch zeitlich begrenzt: auf maximal 90 Minuten. Teilnahme ist freiwillig. Für die Zusammensetzung von Teilnehmergruppen gilt: Je „diverser", desto besser. Auch, weil man hinterher darüber reden soll.

Die Tandempaarungen sollen in ständig wechselnder Kombination auftreten: Das fördert die Vielfalt der Diskussionen, der Erfahrungen und Dynamiken. Es

sollte so viele Tandemgespräche geben wie möglich und so viele wie nötig, um die „Nachfrage" abzudecken. Werden Gedanken, Argumente, Eindrücke, Befürchtungen und Einwände aus den Gesprächen zurück in die Arbeit des Kernteams gespielt, dann können diese dort mit verarbeitet werden.

Das Tandemgespräch ist ein Paradebeispiel für ein diskursbezogenes, emergentes Kommunikationsformat, geeignet für kleine, große und auch sehr große Unternehmen. Es ist ein eigener Kommunikationskanal – unkanalisiert. Für Change bedarf es verschiedener solcher unterschiedlichen Formate und Angebote. Weil Menschen unterschiedliche Darbietungsformen brauchen, und weil in der Kommunikation selbst Inhalte und Emotionen verarbeitet werden.

{ **Tandemkommunikation ist Veränderung, die sich selbst kommuniziert.** }

Kapselung

Einer der Wege, das Neue in die Welt zu bringen, ist das Experiment. In bestehender Organisationen braucht Experiment immer Kapselung: Einen Rahmen, einen Ort oder Raum, der das Neue vor dem Bestehenden, dem umgebenden System mit seiner unruhigen Beharrungsneigung, schützt. Experimente münden naturgemäß oft in Niederlagen oder Scheitern, manchmal in Erfolge – sie sind sensibel wie Pflänzchen. Darum bedürfen sie eines ausreichend stabilen und förderlichen Schutzraums.

Fast alle größeren Organisationen kennen solche Kapseln. Dort werden dann starke „Subkulturen" beobachtet oder es entstehen sogar „Inseln der Glückseligkeit".

Kapselung kann durch räumliche oder formelle Abgrenzung erfolgen. Ein bewährtes Muster der Kapselung ist die „Ausgründung". Die Abtrennung der „neuen Businessunit mit Startup-Charakter" vom Konzern. Die „14. Etage", wo die Dinge anders laufen dürfen. Das „Skunkwork", das „Labor" oder einfach das Projekt. Dies ist der nötige physische, formelle, sensorische Teil der Kapselung. Diese Elemente des Schutzraums sind oftmals leicht erklärbar, sichtbar und sogar greifbar.

Das allein ist meist nicht ausreichend. Es bedarf auch einer originär roten Schnittstelle zum umgebenden System. Das heißt mindestens eines Könners, einer Person mit Ideen oder einer Kerngruppe, die über den Experimentierraum wacht. Die darüber eine Art Regenschirm aufspannt, an dem beispielsweise die Steuerungsroutinen der Restorganisation abtropfen können.

Die Gestaltung dieser Schnittstelle bedarf Bewusstheit seitens derjenigen, die den Regenschirm aufspannen: Der Unterschied zwischen „in der Kapsel" und „außerhalb der Kapsel" muss durch intelligentes Schnittstellenhandeln gesichert werden. Geschieht das nicht und kollabiert die Kapsel, dann stirbt regelmäßig auch das Experiment darin.

Zu glauben, erfolgreiche Experimente würden automatisch zu Lernen außerhalb der Kapsel führen, ist naiv. Denn das Experiment allein ist unter Umständen eine Provokation, zumindest aber eine Irritation für das umgebende System. Wie das System außerhalb der Kapsel den Erfolg des Experiments interpretiert ist nicht steuerbar, aber immerhin beeinflussbar.

{ **Experiment und Kapselung bedingen einander. Kapseln sind rote Schutzräume, in denen Innovation und Überraschung gedeihen kann.** }

Fehler versus Irrtum

Fehler sind blau:

„Obwohl ich es eigentlich besser weiß oder besser wissen könnte, mache ich es dennoch nicht so!"

Irrtümer sind rot:

„Ich fälle informiert eine Entscheidung unter Ungewissheit – kann sein, dass sich das Ergebnis hinterher als schlecht herausstellt!"

Fehler passieren. Aus vielen Gründen.
Fehler kann man mit Mitteln wirksamer Organisation reduzieren. Irrtümer sind unvermeidlich.

Der Ruf nach sogenannter Fehlerkultur springt zu kurz: Eine Organisation mit Fehlerkultur hätte eine Lernbehinderung. Denn aus Fehlern kann man relativ wenig lernen. Was es braucht, sind nicht „mehr relativ dumme Fehler", sondern „mehr Mut zum intelligenten Irrtum". Dann erst kann Organisationen richtig unternehmerisch werden.

Kollektive Intelligenz hängt von der wirksamen Nutzung von Können im Umgang mit Überraschung ab.

{ **Ohne die Unterscheidung zwischen Fehler und Irrtum ist Dezentralisierung von Entscheidung nicht denkbar.** }

Gefällig oder wirksam?

**Im Zusammenhang mit Organisation ist das Gegenteil von „wirksam"
nicht „unwirksam". Es ist: „gefällig", also das, was gefällt.** Tools, Instrumente,
Beratung und Interventionen können das eine sein oder das andere.

Irgendeine Wirkung hat jede Intervention, das heißt aber noch lange nicht,
dass jede Intervention wirksam ist im Sinne einer Absicht.

Gefällig wiederum heißt nicht wertlos oder schlecht. Der Nutzen des Gefälli-
gen liegt aber nicht in seiner Wirksamkeit, sondern in der Gefälligkeit selbst.

Gefällig

Wirksam

{ **Gefällig oder wirksam – das ist kein Urteil, sondern eine Unterscheidung für jeden,
der sich mit Organisation beschäftigt. Erzeugt die beabsichtigte Intervention Selbstreflexion
und höheres Bewusstsein – oder nicht?** }

Informelle Strukturarbeit

Jede Organisation hat Informelle Struktur. Die Frage für jedes Unternehmen ist: Sind ihre Wirkungen positiv? Persönliche Beziehungen, Sympathien, Antipathien, gemeinsame oder unterschiedliche Interessen – all das gehört zum sozialen Miteinander dazu. Dies führt zu Mustern und bekannten Phänomen wie dem Flur-Funk, der Gerüchteküche und dem kurzen Dienstweg – oder auch Cliquenwirtschaft und Grabenkämpfen. Im besten Fall unterstützt Informelle Struktur Zugehörigkeit und Identität – und ist gar in der Lage, Solidarität hervorzubringen. In Krisen werden dann auf der Hinterbühne schnelles, effektives Handeln und Lösungen möglich. Informelle Muster können sich so als Sicherheitsnetz für die Organisation erweisen, im schlechtesten Fall ist Mobbing an der Tagesordnung.
Ignorieren tut man Informelle Struktur auf eigene Gefahr.

Informelle Struktur spielt sich in Räumen ab – physischen wie nicht-physischen. Solche Räume fangen bei bekannten Settings wie der Kaffee-, Lounge- oder Raucherecke an, reichen bis zu Kantinen (in denen vielleicht nicht nur gegessen, sondern auch gedacht und ganztägig gearbeitet werden darf) und weit darüber hinaus. Wie diese Räume gestaltet und eingerichtet sind, kann soziale Muster positiv befördern, behindern oder destruktiv anregen. Einige solcher Räume, die zur Erzeugung und Pflege sozialer Netzwerk-Muster für positiv wirkenden Einfluss typisch sind:

- Der coolste Kickertisch, der coolste Billardtisch.
- Die coolste Einführungs- und Willkommenswoche.
- Die coolste Wissenskonferenz.
- Das coolste interne Kommunikationssystem, das coolste Firmenwiki.
- Die coolste Limo, die coolsten Snacks.
- Die coolste Lounge, die coolste Küche.
- Das coolste System zur Arbeitsorganisation.
- Die coolste Büro-Location, die coolste Büroeinrichtung, die coolste Deko.
- Das coolste Restaurant/Mittagessen/Catering, die coolste Grillstation.
- Die coolsten Meeting-Räume, der coolste Konferenzbereich.

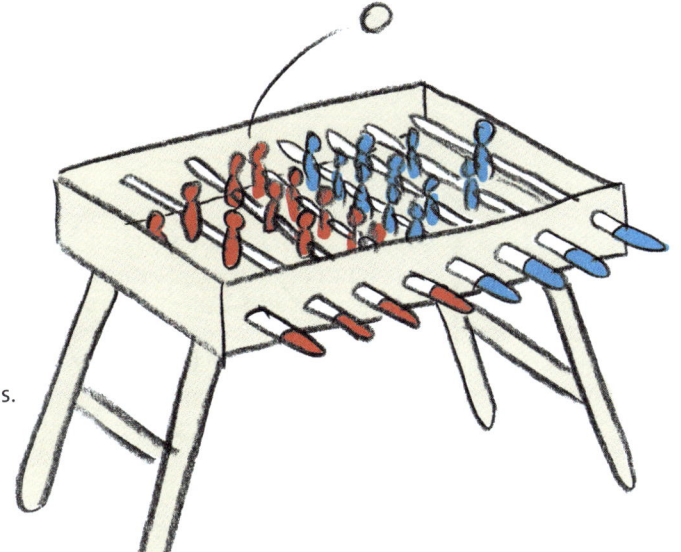

- Die coolsten gefüllten Kühlschränke, der coolste Obstkorb.
- Die coolste Kaffeemaschine, die coolste Teeküche, das coolste Wifi.
- Das coolste Lernkonzept.
- Die coolsten Kanban-Boards, coolsten Moderationskoffer und -gadgets.
- Die coolste Arbeitsplatzgestaltung.
- Der coolste Betriebskindergarten.
- Die coolsten Mitarbeiterrucksäcke und -T-Shirts.
- Die coolste Weihnachtsfeier, das coolste Firmenfest, der coolste Betriebsausflug.

Wichtig dabei: Cool ist nicht gleich teuer!
Viele andere Komplexithoden aus diesem Buch wirken ebenfalls auf Informelle Struktur.

Informelle Struktur kennt zwei Arten von Verbindungen: Starke und schwache. Beide haben ihre Bedeutung. Neue Verbindungen sind zunächst „schwach" – sie dienen als Einfallstor für neue Ideen, Informationsfluss und angepasste Teamkonstellationen. Starke Verbindungen ziehen Menschen zusammen – sie bilden dann verschworene Gemeinschaften. Diese können Träger von Leistung sein, aber auch Isolation und Verhärtung bewirken. Die Bindungsstärke wird dann zur Falle.

Gesunde Netzwerkmuster zeichnen sich also durch eine Balance aus starken und schwachen Verbindungen, aus Durchlässigkeit und Stabilität aus. Nur schwache Verbindungen: Hohe Durchlässigkeit, aber Gefahr des Auseinanderfallens. Nur starke Verbindungen: Hohe Stabilität, aber Gefahr der Erstarrung.

{ **„Cool" ist selbst so etwas wie eine Komplexithode.** }

Communities of Interest/Practice

In jeder Organisation gibt es Menschen, die über relativ seltenes Können verfügen, die sich für „spezielle" Themen interessieren oder sich in exotischen, aber unternehmensrelevanten Themenfeldern bewegen. Interessen, Erfahrungen, Könnerschaft existieren innerhalb zahlloser Nischen – breiten wie tiefen, teilweise seltenen oder gar kuriosen. Interessen und Expertise müssen zudem nicht zwingend mit derjenigen Tätigkeit zusammenhängen, die jemand innerhalb der Organisation offiziell oder hauptsächlich ausübt.

In vielen Unternehmen wird versucht, derartige Expertisen wie eine blaue Ressource zu behandeln. Sie werden dann durch ausgefeilte Personal- und Kompetenzmanagement-Datenbanken erfasst und verwaltet. Daneben soll durch Wissensmanagementsysteme spezifisches Know-how gesammelt und organisationsweit zur Verfügung gestellt werden. Die Ergebnisse solcher Bemühungen sind zumeist mager – Wissen und Könnerschaft lassen sich eben nicht managen. Information ist nicht das gleiche wie Kompetenz, Können entzieht sich Fremdsteuerung. Die Methoden passen nicht zur Natur der Könnerschaft.

In roten Kontexten stellt sich zudem die Frage, wie sich Können entwickeln und anlocken lässt, sodass problembezogene Anwendung entsteht. Es geht einer Organisation schließlich nicht darum, Expertisen zu sichten, sondern Anwendung von Können auf relevante Geschäfts- oder Organisationsprobleme zu begünstigen. Oder Vernetzung so zu fördern, dass im großen Stil Wissen und Können entstehen, mit denen wiederum Ideen für bedeutsame Probleme generiert werden. Jenseits der täglichen Arbeit.

An dieser Stelle kommen Interessengemeinschaften oder Communities of Practice ins Spiel. Sie betten Lernen und Problemlösung in den Kontext sozialer Beziehungen ein – an der Schnittstelle zwischen Informeller Struktur und Wertschöpfungsstruktur. Ähnlich wie Handwerker und andere Berufsgruppen sich im Manufakturzeitalter in Logen, Gilden, Zünften, Innungen, Ligen und Ständen zusammenfanden, sollen Akteure mit gemeinsamen Interessen an selbstorganisierten Gemeinschaften teilhaben können. Insbesondere solche Akteure, die sich im Tagesgeschäft selten oder gar nicht begegnen oder denen an anderer Stelle der Rahmen für selbstorganisiertes Lernen fehlt.

Die Teilhabe an organisationsinternen Interessengemeinschaften kann unterschiedliche Schwerpunkte haben. Einerseits kann die Vernetzung selbst im Vordergrund stehen – dabei können Wissen und gemeinsame Leidenschaften für Themen zutage gefördert werden („Fachsimpeln"). Spannender und verbindlicher ist es, wenn Communities durch Praxisprobleme angeregt werden, die ihre Könnerschaft herausfordern und zum Üben und der Anwendung des Könnens einladen („Tüfteln"). **Mit Speck fängt man Mäuse, mit Problemen fängt man Könner.**

Typischerweise gibt es in einer Interessengemeinschaft aktive und weniger aktive Mitglieder, es gibt Moderatoren, Experten, Meister. Die verschiedenen Rollen finden und ändern sich mit der Zeit. **Das muss auf der Grundlage von Freiwilligkeit und Selbstorganisation geschehen,** dem müssen die Formate und der organisationale Rahmen von Interessengemeinschaften entsprechen. Geeignet sind alle Begegnungsformate, die auf Prinzipien von Eigeninitiative und Selbstorganisation, Emergenz und Iteration aufbauen, darunter Firmenwikis, Wissenskonferenzen, Open Spaces, BarCamps und Prototyping-Workshops.

{ **Communities of Practice/Interest sind Räume, in denen Könner, Meister und Gruppen selbstorganisiert lernen können.** **}**

Beratung

Wozu brauchen Unternehmen Beratung – kann eine Organisation nicht aus sich heraus selbst alles leisten? Wie so oft: Es kommt drauf an. Darauf, welches Wissen und Können innerhalb der Organisation vorhanden ist, welche eigenen Ressourcen verfügbar gemacht werden können, wie groß die Dringlichkeit bzw. der interne Konsens für Richtungsentscheidungen ist. Eins ist sicher: Wenn Organisationen Beratung nutzen, kommen sofort soziale Dynamiken und Emotionen ins Spiel.

Prinzipiell sind zwei Formen der Organisationsberatung zu unterscheiden:

- **Fachberatung.** Sie ist sinnvoll, wenn intern nicht genug fachliche Expertise und Erfahrung vorhanden sind: Wie schreiben wir einen Brief An Uns Selbst? Wie lässt sich ein Vergütungssystem auf „relativ" umstellen? Wie kann Controlling mit marktbezogenen Daten arbeiten? Wie lassen sich Peer-Recruiting-Prozesse aufsetzen? **Berater sind hier Lieferanten von Wissen und Können.**

- **Prozessbegleitung.** Sie ist hilfreich, wenn es darum geht, Konstellationen für Veränderung anzulegen, wirksame Kommunikation zu sichern, Beteiligung zu organisieren, neue Muster zu üben. **Berater sind hier Helfer beim Erzeugen von Können und sie haben die Rolle des Außenbordmotors.**

Für die Arbeit am Organisationsmodell in der Art, wie in diesem Buch beschrieben, brauchen Unternehmen regelmäßig beides – Fachberatung und Prozessbegleitung, Wissen/Können und Könnenserzeugung sowie Außenbordmotor. Das macht Dualität der Beratungsbeziehung und das Spiel mit zwei Beraterrollen notwendig. Kunden und Beratung müssen zwischen den beiden Rollen unterscheiden und „umschalten". Bei der Entscheidung darüber, ob für die Entwicklung des Organisationsmodells „von dominant blau zu dominant rot" Beratung in Anspruch genommen wird, kann die vorherige Erwartungsklärung gar nicht gründlich genug erfolgen; Sollen beide Rollen genutzt werden? Oder nur eine der beiden? Sind wir bereit, zwischen Bedarfen an Fachlichkeit, Könnenserzeugung und Außenbordmotor zu unterscheiden?

Beratung geschieht immer in Beziehung: Jeder Beratung geht eine „Einladung zum Tanz" voraus. Insbesondere dann, wenn es in gemeinsamen Projekten zwischen Kunden- und Beratungssystem um bedeutsame Veränderungen geht, spielt Ambivalenz im Kundensystem eine Rolle: Zwischen der Sehnsucht nach Neuem bzw. dem Wunsch nach Veränderung („Hilf mir!") auf der einen, Angst vor Veränderung („Erklär mir, warum es nicht geht!", „Sei meine Entschuldigung für Nicht-Handeln!") auf der anderen Seite.

Die Tücke in Beratungsbeziehungen: Weil Ambivalenzen oft als Schwäche interpretiert werden oder zumindest eine Befürchtung besteht, dass sie so ausgelegt werden, wird diese Dualität oft tabuisiert. Nicht die Ambivalenz kommt auf dem Tisch, sondern ein nur scheinbar klar definiertes „Problem" oder „Ziel". Der Berater wird so bewusst oder unbewusst eingeladen, Projektionsfläche für die Ambivalenzen zu sein bzw. selbst auf eine Seite der Ambivalenz zu gehen. Lässt sich der Berater darauf ein, wird er in diesem Moment zum Vehikel der Rechtfertigung zum Nicht-Handeln. **Aus dem Tanz wird ein Kampf.** Paradoxerweise kann Beratung so zum Veränderungsersatz werden, zum Placebo einer Entscheidung für Veränderung.

Wenn es gut läuft, also in Beratungsbeziehung, kann die Ambivalenz im Kundensystem sichtbar, kommunizierbar und bearbeitbar gemacht werden – sie ist dann lösbar. **Echte Beratung rückt die Ambivalenz selbst in den Fokus der Arbeit – damit dem Kundensystem geholfen wird, zu eigener Entscheidung zu gelangen.**

{ **Kompetenz oder Fachlichkeit ist notwendige Voraussetzung und Liefergegenstand von Beratung – beides ist aber nicht ohne Beziehung lieferbar.** **}**

Kapitel

6 Der Rest

Was noch zu sagen bleibt – wie Sie weitermachen können

Resterampe

Nicht alle uns bekannten Komplexithoden wollten wir in diesem Buch ausführlich beschreiben.
Einige scheinen uns anderweitig bereits hinlänglich beschrieben, sie sind jemandes „Produkte"
oder sie passten nicht recht zum thematischen Schwerpunkt dieses Werks. Aber wofür hat so ein
Buch schließlich eine „Resterampe"?
Die unten stehende Auswahl ist natürlich subjektiv. Es gibt auf der Resterampe kleinere und grö-
ßere Komplexithoden.

- A3
- Agile (und Familie)
- Anamnese
- Appreciative Inquiry
- Beyond Budgeting
- Business Model Canvas
- Coaching
- Corporate University
- Design Thinking
- Discover to Deliver
- Engpassorientierung
- Experiment
- Feedback
- Firmenwikis
- Flow
- Inselfertigung
- Job Enrichment
- Job Enlargement
- Just-in-time
- Kaffeemaschine
- Kaizen
- Kanban
- Kata
- Kollegiale Beratung
- Kotter´s Leading Change

- Lean Management
- Lean Production
- Lies ein Buch oder zwei
- Bridges´ Managing Transitions
- Mentoring
- Open Space
- Präferenzdiagnostik
  (z.B. Insights Discovery)
- Rapid Prototyping
- Real Time Strategic Change
- Retrospektive
- Swingende Produktion
- Scrum
- Takt
- Theory U
- Veränderungstemperaturmessung
- 14 Punkte des
  Toyota Production System TPS
- Wertstromanalyse
- World Café
- ...

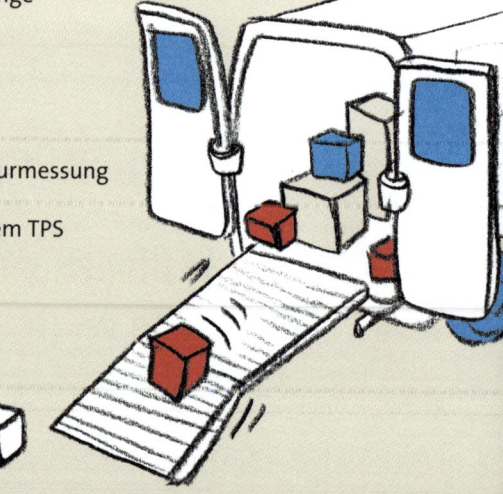

Wo Sie Komplexithoden finden können: Einige Pionierunternehmen

Einige Unternehmen, die Komplexithoden verwenden oder die gar für sie renommiert und berühmt sind, haben wir hier für Sie aufgelistet. Die Liste der Pionierunternehmen auf dieser Seite erfolgt keinerlei Anspruch auf Vollständigkeit – wir nennen hier eine subjektive Auswahl. Und zwar jeweils den Namen des Unternehmens, das Ursprungsland sowie die Namen renommierter Gründer, Eigentümer oder Leitfiguren, die mit dem jeweiligen Fallbeispiel in Verbindung gebracht werden.

- AES, USA (Roger Sant & Dennis Bakke)
- DaVita, USA (Kent Thiry)
- Dell, USA (Michael Dell)
- Google, USA (Larry Page, Sergei Brin, Eric Schmidt)
- Guardian Industries, USA (William Davidson)
- Herman Miller, USA (Max de Pree & Brüder)
- Johnsonville, USA (Ralph Stayer)
- Morning Star, USA (Chris Rufer)
- Netflix, USA (Reed Hastings)
- Nucor Steel, USA (Ken Iverson)
- SAS Institute, USA (James Goodnight)
- Southwest Airlines, USA (Herb Kelleher)
- Sun Hydraulics, USA (Robert E. Koski/John Allen)
- United Supermarkets, USA (Dan J. Sanders)
- Valve Software, USA (Gabe Newell/Mike Harrington)
- Whole Foods, USA (John Mackey)
- W.L.Gore, USA (Bill & Vieve Gore)
- Zappos, USA (Tony Hsieh)
- Aldi, Deutschland, Trader Joe's, USA (Karl & Theo Albrecht)
- DM drogerie markt, Deutschland (Götz Werner)
- Hengeler Müller, Deutschland (Hans Hengeler, Rudolf Mueller)
- hpp berlin, D. (Karsten Foth, Stefan Truthän)
- WM-Group, Deutschland (Hans-Wilhelm & Matthias Löhr)
- Egon Zehnder International, Schweiz (Egon Zehnder)
- Trisa, Schweiz (Adrian & Philipp Pfenniger)
- Resource Informatik, Schweiz (Bruno Schmid)
- FAVI, Frankreich (Jean-Francois Zobrist)
- Buurtzorg, Niederlande (Jos de Blok)
- Interpolis, Niederlande
- Kessels & Smit, Niederlande (Joseph Kessels)
- Ahlsell, Schweden (Gunnar Haglund)
- Ikea, Schweden (Ingvar Kamprad)
- Handelsbanken, Schweden (Jan Wallander)
- Spotify, Schweden (Daniel Ek, Martin Lorentzon)
- Snøhetta, Norwegen (Craig Dykers, Kjetil Trædal Thorsen)
- Irizar, Spanien (Koldo Saratxaga)
- Mondragon, Spanien (José María Arizmendiarrieta)
- Promon Engenharia, Brasilien (Luiz E. Gemigniani)
- Semco, Brasilien (Ricardo Semler)
- HCL, Indien (Vineet Nayar)
- Toyota, Japan (Taichii Ohno & W. Edwards Deming)
- Uniqlo, Japan (Tadashi Yanai)
- Flight Centre Limited, Australien (Graham Turner)

Mehr von!/Weniger von!
Silke Hermann

Ich freue mich darauf, morgens ins Büro zu gehen. Fast immer jedenfalls. Als ich mit meinem langjährigen Geschäftspartner und Freund Stefan M. Laebe unser eigenes Unternehmen gründete, war eine unserer Verabredungen, eine Firma zu schaffen, in der Arbeit aus sich heraus Spaß macht. Wir haben uns Mitarbeiter gesucht, die ähnliche Rahmenbedingungen des Arbeitens suchen, schätzen und für sich selbst in Anspruch nehmen. In der Folge haben wir ganz logischerweise ein Beta-Unternehmen gestaltet. Wir wachsen und haben fast alle Themen, die wir in diesem Buch erläutern, auch selbst auf dem Tisch. Das ist anstrengend, aber auch lohnenswert.

Lesen, lesen, lesen. Ich bin wirklich eine Leseratte – schon immer gewesen. Lesen erdet und inspiriert, so empfinde ich das. Warum nur hat sich diese Begeisterung so gar nicht weitervererbt?

Mit guten Manieren geht Vieles besser. Dies hat viel mit Rücksichtnahme, Vorbildern und Erziehung zu tun. Auf Reisen frage ich mich schon, was vielen Managern im teurem Anzug und Business-Trolley nicht durch den Kopf geht, wenn sie die Ellenbogen ausfahren, um möglichst schnell in den Flieger zu kommen und das Gepäckfach voll belegen zu können; oder sich beim Aussteigen, den Blick fest auf den Boden geheftet, aneinander vorbeiquetschen. Wo die wohl ankommen?

Persönlichkeitsentwicklung ist (auch) Angelegenheit von Unternehmen. Leider sind wir diesbezüglich in Deutschland noch Entwicklungsland – ganz anders als zum Beispiel die Skandinavier oder bei unseren Nachbarn in den Niederlanden. Der blinde Fleck bei der Persönlichkeit mag viel mit der deutschen Ingenieurskultur zu tun haben. Trotzdem: Entwicklung ist nicht nur Privatsache. Menschen, die reifen, wachsen und lernen, sind gut fürs Unternehmen. Sich ihrer selbst bewusste Mitarbeiter: Das Beste, was eine Organisation haben kann.

It ain´t over till it´s over. Gähnen oder latente Genervtheit, wenn es mal wieder um Themen wie Diversity, Migration oder Gender geht, sind absolut unangemessen. So lange in Deutschland der Bildungsabschluss von Kindern wesentlich vom Bildungshintergrund der Eltern abhängt; so lange Menschen mit Migrationshintergrund trotz teilweise hohen Ausbildungsniveaus wenig Chancen auf unserem Arbeitsmarkt haben; so lange Frauen immer noch die Ausnahme sind in sogenannten leitenden Funktionen – so lange ist Ausblenden fehl am Platz und selbst Teil des Problems. Bei diesen Themen sind wir eines der Schlusslichter im europäischen Vergleich – es gibt viel zu tun.

Mein erstes Buch. Endlich. Aber: So sehr ich die Vorstellung mag, dass dieses Buch gelesen wird, auf Interesse stößt und Resonanz erzeugt. So gibt es doch noch eine andere Wahrheit: Ich hab´s für mich getan! An diesem Projekt zu arbeiten war wie ein persönlicher MBA, eine Investition in mich selbst. Es war eine Gelegenheit, herauszukramen und zu sortieren, was ich in meinem Berufsleben gelernt und welche Erkenntnisse ich angesammelt habe. Der Prozess des Schreibens selbst hat mir vor allem Zusammenhänge offengelegt. Er war klärend.

Ich habe keine Lust mehr auf Manager-Bashing. Manche Kollegen, Speaker und Medienmenschen pflegen dieses Genre. Das ist populär, aber auch bequem, populistisch und falsch. Es ist nichts als eine weitere Variante kollektiver Schuldzuweisung. Eine Fortsetzung des Klassenkampfs. Managern nachzusagen, sie seien intellektuelle Pfeifen, gierig nach Geld und Machterhalt, abhängig und ohne Interessen – das hat genau so viel mit Realität zu tun wie: Lehrer sind faul, Beamte doof, Ärzte verdienen zu viel. Das ist langweilig und es verhindert Weiterentwicklung.

Mehr von!/Weniger von!
Niels Pfläging

Wir waren mal in Austin, Texas, Heimat von Willie Nelson, Whole Foods und Dell. Der inoffizielle Slogan der Stadt lautet: „Keep Austin Weird". Das scheint mir auch ein gutes Prinzip für die Weiterentwicklung von Organisationen zu sein. Weniger Gleichmacherei, weniger Genausoseinwollenwiealleanderen. „Keep Our Company Weird"! Keine Best Practice, sondern Weird Practice That Works.

Die interessantesten Menschen, die ich kenne, sind große Leser. Das muss nicht heißen, dass Sie durchs Lesen so interessant geworden sind. Nichts gegen Netflix und HBO, aber Bücher öffnen eben Welten, egal ob Belletristik, Biografien, Bestseller, Bildungs- oder Businessbuch. Seit dem Ende meiner Studienzeit hat es wohl keinen Moment gegeben, indem ich nicht jeweils ein oder mehrere Bücher gelesen hätte.

Na gut, ich gestehe. Ich bin Vegetarier, seit über 20 Jahren. Ich habe noch nie einen Führerschein gehabt – und auch noch nie ein Auto. Ich bin Linkshänder. Mindestens 15 Jahre lang war ich Ausländer – das kann ganz schnell passieren, wenn man den Wohnsitz wechselt. Will sagen: Jeder von uns ist irgendwie Außenseiter, Minderheit, Trendsetter oder dem Trend hoffnungslos hinterher. Man soll sich dafür weder schämen, noch die eigenen Eigenheiten zum Lebensstil verklären. Oder doch?

Manche Menschen essen auf Reisen aus Langeweile oder zum Zeitvertreib – nicht aus Neugier und aus Hunger. Unterwegs sollte man sich mit Aktivitäten beschäftigen, die über den Alltag hinausgehen. Ich habe bemerkt, dass es dafür gut ist, neben einer Zeitschrift stets einen zum Reiseziel passenden Lonely-Planet-Reiseführer dabei zu haben. Einen von denen, die keinen Strom brauchen.

Ich finde, es ist viel produktiver und interessanter, Kinder wie Erwachsene zu behandeln, statt Erwachsene wie Kinder.

Wenn ich etwas aus der Lernforschung und der Entwicklungspsychologie gelernt habe, dann dies: IQs haben nichts mit Erfolg im Leben, Aufgeschlossenheit oder Lernfähigkeit zu tun – und auch nichts mit Intelligenz. Tests messen die Fähigkeit, Tests zu lösen. Punkt. Über Testergebnisse soll man schmunzeln – nicht aber an sie glauben. Es lohnt sich viel mehr, reales Verhalten wohlmeinend zu beobachten.

Sie sind Dienstleister – so wie ich? Dann passt diese Weisheit von Jerry Garcia (Grateful Dead) vielleicht auch zu Ihnen: „Sie wollen nicht nur als der oder die Beste angesehen werden. Sie wollen als der oder die Einzige angesehen werden, der tut, was Sie tun."

Während der Monate, in denen wir dieses Buch geschrieben haben, wurde ich mehrmals daran erinnert: Leidenschaftliche Menschen versuchen, andere zu beeinflussen – Eiferer dagegen versuchen, andere zu überzeugen oder zu konvertieren. Der Unterschied ist gewaltig.

Unser Bildungssystem ist so hoffnungslos aus der Zeit gefallen wie Management. Vor rund 25 Jahren war ich im Stadtschülerrat Hannover politisch-gestaltend aktiv. In der Zwischenzeit hat sich fast nichts an deutschen Schulen und Hochschulen geändert – außer an den äußeren Umständen. Die Kluft zwischen gesellschaftlichem Bedarf nach Lernen und Bildung sowie Schulstruktur, -pädagogik, Hochschulsystem und -lehre wird unerträglich. Wir brauchen keine Reisen nach Finnland. Aber eine Koalition für den Wandel in der Bildung. Ich bin dabei.

Auf einer meiner längeren Zugfahrten neulich dachte ich: Wahrscheinlich gibt es zwar keine Work-Life-Balance, dafür aber Work-Life-Schizophrenie. Und: Wenn jemand keine Hobbies, spielerische oder sportliche Leidenschaften oder private Liebhabereien verfolgt, dann ist auch etwas aus dem Gleichgewicht. Egal wie sehr man die eigene Arbeit liebt – man kann darin kaum langfristig gut sein, wenn man sonst keinen (In)Halt hat im Leben.

Literaturempfehlungen

Hier finden Sie Empfehlungen der Autoren zum Weiterlesen, zur Vertiefung und zur Inspiration.

Effektivität & Haltung

Bungay Stanier, Michael: Do More Great Work – Stop the Busy-work. Start the Work That Matters. Workman Publishing, 2010

Kleon, Austin: Steal Like an Artist – 10 Things Nobody Told You About Being Creative. Workman Publishing, 2010

Yamashita, Keith/Spataro, Sandra: Unstuck – A Tool for Your-self, Your Team, and Your World. Portfolio, 2004

Burow, Olaf-Axel: Team-Flow – Gemeinsam wachsen im Kreativen Feld. Beltz, 2015

Change & Leadership

Berger, Wolfgang: Business Reframing – Entfesseln Sie die Genialität in Ihrem Unternehmen: offen, human, mutig. 5. Auflage. Gabler, 2013

Hinz, Olaf: Das Führungsteam – Wie wirksame Kooperation an der Spitze gelingt. Springer Gabler, 2014

Kotter, John: Leading Change – Wie Sie Ihr Unternehmen in acht Schritten erfolgreich verändern. Vahlen, 2011

Kotter, John/Rathgeber, Holger: Das Pinguin-Prinzip – Wie Veränderung zum Erfolg führt. Droemer, 2011

Pasmore, Bill: Leading Continuous Change – Navigating Churn in the Real World. Berrett-Koehler Publishers, 2015

Pentland, Alex: Social Physics – How Good Ideas Spread – The Lessons from a New Science. Penguin Press, 2014

Weisbord, Marvin: Productive Workplaces – Dignity, Meaning, and Community in the 21st Century, 3rd Edition. John Wiley & Sons, 2012

Komplexität & Systeme

Bock, Laszlo: Work Rules! That Will Transform How You Live and Lead. Twelve, 2015

Haeckel, Stephan: Adaptive Enterprise – Creating and Leading Sense-And-Respond Organizations. HBRP, 1999

Kühl, Stefan: Organisationen – Eine sehr kurze Einführung. VS, 2011

Morgan, Gareth: Imaginization – New Mindsets for Seeing, Organizing, & Managing. Berrett-Koehler, 1997

Peters, Tom: Re-imagine! – Spitzenleistung in chaotischen Zeiten. Gabal, 2012

Pfläging, Niels: Die 12 neuen Gesetze der Führung – Der Kodex: Warum Management verzichtbar ist. Campus, 2009

Pfläging, Niels: Führen mit flexiblen Zielen – Praxisbuch für mehr Erfolg im Wettbewerb. 2. Auflage. Campus, 2011

Purser, Ronald/Cabana, Steven: The Self-Managing Organization – How Leading Companies Are Transforming the Work of Teams for Real Impact. Free Press, 1998

Seddon, John: Freedom from Command and Control – Rethinking Management for Lean Service. Productivity Press, 2005

Simon, Fritz: Einführung in die (System-)Theorie der Beratung. Carl Auer, 2014

Vollmer, Lars: Wrong Turn – Warum Führungskräfte in komplexen Situationen versagen. Orell Füssli, 2014

Wohland, Gerhard: Denkwerkzeuge der Höchstleister – Warum dynamikrobuste Unternehmen Marktdruck erzeugen. 3. Auflage. UniBuch, 2012

Weiterführende, kostenlose Online-Ressourcen zum Buch

Hier auf exklusive Zusatz-Materialien zugreifen!

Hier Videos von Niels Pfläging anschauen.

Hier Slides und Positionspapiere der Autoren lesen und herunterladen.

Die Website zum Buch: www.komplexithoden.de
Auf Twitter: @komplexithoden

Über die Autoren

Niels Pfläging ist Unternehmer, Beeinflusser, Advisor und profilierter Fürsprecher einer neuen, zeitgemäßen Führung. Fünf Jahre lang war er Direktor des renommierten Beyond Budgeting Round Table, einem internationalen Think Tank. Später gründete er die internationale Open-Innovation-Vereinigung BetaCodex Network.

Komplexithoden ist sein fünftes Buch. Sein Zweites, *Führen mit flexiblen Zielen. Praxisbuch für mehr Erfolg im Wettbewerb*, wurde 2006 mit dem Wirtschaftsbuchpreis von Financial Times Deutschland und getAbstract ausgezeichnet. Im Redline Verlag erschien von ihm zuvor *Organisation für Komplexität*.

Sie erreichen Niels Pfläging einfach per E-Mail: kontakt@nielspflaeging.com
Twitter: @NielsPflaeging

Silke Hermann ist Unternehmerin und Geschäftsführerin der Insights Group Deutschland mit Sitz in Berlin und Wiesbaden. In ihrer Tätigkeit als Leadership Advisor, Executive Coach und Business-Anthropologin beschäftigt sie sich mit Beweglichkeit, Unterschiedlichkeit und Selbstbestimmtheit.

Gemeinsam mit Niels Pfläging ist sie Gründerin von Studio Red42, einem Think Tank an der Nahtstelle von Lernen und Organisationsentwicklung. www.StudioRed42.com

Sie können per E-Mail Kontakt mit Silke Hermann aufnehmen, via kontakt@silkehermann.com
Twitter: @silkehermann

Über das Buch

Es war an einem Montagnachmittag, am 8. September 2014. An diesem Tag fügten sich die Puzzle-Teile endlich zu einem Ganzen zusammen.

Ein paar Wochen zuvor erst hatte der Redline-Verlag Niels´ vorheriges Buch, „Organisation für Komplexität", neu aufgelegt. Nach über 6.000 verkauften Exemplaren im Selbstverlag bei BoD hatte das Buch damit den Sprung ins Programm eines Fachverlags vollzogen. Redline war nicht das erste Verlagshaus gewesen, das Interesse gezeigt hatte, Organisation für Komplexität ins Programm zu nehmen.

Nur ein paar Jahre zuvor noch hatten uns befreundete Experten aus der Verlags- und Buchbranche dringend davon abgeraten, uns an einem stark illustrierten, visuellen Businessbuch zu versuchen. „Sehr riskant" wäre das, hatten wir wiederholt gehört. Es gebe einfach in Deutschland keinen relevanten Markt für Bücher, die vom Standard des textdominierten Sach- und Fachbuchs abweichen. So hatten wir unser Konzept für ein kompaktes, visualisiert-farbiges Denk- und Arbeitsbuch über die fundamentalen Einsichten aus der gemeinsamen Beratungs- und Reflexionsarbeit seit 2009 erst einmal wieder aufs Eis gelegt. Ein andermal vielleicht, dachten wir.

Nun, an jenem Spätsommernachmittag in 2014 war dieser Moment gekommen. Wir saßen in Wiesbaden bei einem der Workshop-Tage mit Beratern und Kol-

legen zusammen, die wir „Fast-Umsonst-Beta-Kodex-Arbeitstage" nennen. Zum Kreis der teilnehmenden Kollegen an diesem Tag gehörten einige Freunde und geschätzte Organisationsentwickler, Coaches und Berater wie Deb Preuss, Wiebke Anton, Gordon Geisler, Olaf Hinz und Winald Kasch. Die Arbeit in der Gruppe war sehr angeregt und konzentriert.

Niels muss schon ein wenig erschöpft gewesen sein. Sicher war es einer dieser Momente, in denen die Gedanken ein wenig schneller rennen, als man reden kann. Es ging gerade darum, dass es in Dynamik anderer Werkzeuge bedürfe als in tradierten Unternehmenskontexten üblich. Da rutschte Niels beim Versuch, etwas auf dem Flipchart zu illustrieren und gleichzeitig „komplexitätsrobuste Methode" zu sagen, ein merkwürdiges Wort heraus — und die „Komplexithode" war geboren. Gefolgt von der sofortigen Einsicht bei Silke: Genau dieses komische Wort musste der Titel des nächsten Buchs werden!

Ein einziges Wort als gedankliche Klammer für ein Konzept, die wir seit über fünf Jahren mit uns herumtrugen hatten. Erst mit dem Begriff „Komplexithoden" machte diese Idee einen Sinn. Vier Wochen später stand das Konzept für „Komplexithoden, das Buch" fest. Auf der Frankfurter Buchmesse 2014 konnten wir den entsprechende Vertrag mit Michael Wurster von Redline vereinbaren. Manchmal macht ein Wort, ein einziger Moment den Unterschied.

Danksagungen

Den folgenden Freunden, Kollegen, Mentoren, Partnern und Inspiratoren sind wir zu Dank verpflichtet!

Pia Steinmann, unserer Grafikerin und Designerin, die für die visuelle Buchgestaltung und die wie immer umwerfenden Illustrationen verantwortlich zeichnet. Schön, wenn man an einem harten Tag des Schreibens über die gerade frisch gezeichneten Illustrationen schmunzeln kann!

Gerhard Wohland: Seine grundlegenden Einsichten und Konzepte zur Höchstleistung in Dynamik sind wahre Pionierleistung. Manche Komplexithode und einige Komplexideen dieses Buchs sind auf dem Mist seiner Arbeit gewachsen oder sind davon zumindest befruchtet worden. Dies gilt ganz besonders für Kapitel 1 dieses Buchs. Wenn es jemanden gibt, der den Beinamen „Urvater der Komplexithode" verdient hätte, dann wäre das wohl Gerhard Wohland.

Den Gründern des Beyond Budgeting Round Table, Robin Fraser, Peter Bunce und Jeremy Hope. Durch ihre Forschungsarbeit zwischen 1998 und 2003 gelang es wohl erstmals überhaupt, „Beta" ganzheitlich als Modell zu beschreiben. Niels dankt insbesondere Robin Fraser für seine Ermutigung und Anregungen in den fünf Jahren der engen Zusammenarbeit im BBRT. Eine Reihe von Komplexithoden gehen auf diese Zusammenarbeit zurück.

Stefan Laebe, Geschäftsführer von Insights Group Deutschland in Berlin. Silke dankt ihrem langjährigen Kollegen und Partner im Business für seine Haltung, Integrität und das durchgängig geteilte Bedürfnis, Unternehmen genau so zu führen, wie in diesem Buch beschrieben.

Michael Wurster, Programmleiter beim Redline Verlag, für sein Bekenntnis zur Agilen Buchproduktion und seinen Mut zur Neuschöpfung. Er hat Niels wieder den Mut eingehaucht dahingehend, dass man mit Verlagen zusammen Bücher machen und herausbringen sollte! Schon dafür gebührt ihm unser tiefster Dank – insbesondere von Niels.

All jenen, bei denen wir für dieses Buch „respektvoll geklaut" haben. Darunter Austin Kleon, Bill Pasmore, Gareth Morgan, Wolfgang Berger, John Kotter, Michael Bungay Stanier, Olaf Hinz, Vera Birkenbihl, Fritz Simon, Alan Weiss, Art Kleiner, Pero Micic, Luc de Brabandere, Gebhard Borck, Lars Vollmer und den Beta-Pionierunternehmen.

Allen, die beim Buchmachen direkt und indirekt mitgeholfen haben: Nicole Rengelshausen, Jonas Happel und Thies Harbeck für die Manuskriptdurchsichten. Den Teams von Insights Group Deutschland und Redline für ihre Unterstützung. Janik Happel, einem neugierigen Resonanzkörper, der die Arbeit am Buch mit unverstelltem Blick begleitet hat.

Das Geschwisterchen zum Komplexithoden-Buch – bei Redline

„*In seiner konzentrierten und neuartigen Darstellung ein tatsächlich beispielloses Lehr- und Arbeitsbuch. Quadratisch. Praktisch. Gut.*"
Hamburger Abendblatt

„*Eines der besten Bücher des Jahres 2014.*" changeX

Organisation für Komplexität.
Wie Arbeit wieder lebendig wird –
und Höchstleistung entsteht.
2. Auflage, Redline 2015.
Hardcover/eBook.

Der Bestseller mit über 18.000 verkauften Exemplaren.
Übersetzt In drei Sprachen.

Die anderen Bücher von Niels Pfläging

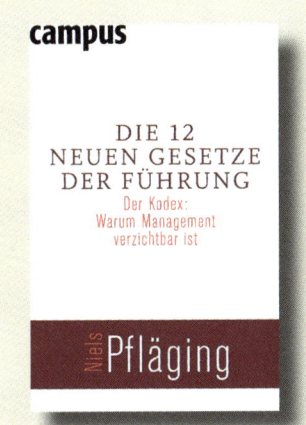

Führen mit flexiblen Zielen. Praxisbuch für mehr Erfolg im Wettbewerb.
2. Auflage, Campus, 2011.
Hardcover/eBook.

Ausgezeichnet mit dem Wirtschaftsbuchpreis 2006 von Financial Times Deutschland und getAbstract. Überarbeitete Neuauflage.

Die 12 neuen Gesetze der Führung. Der Kodex: Warum Management verzichtbar ist.
Campus, 2009.
Hardcover/eBook.

Prämiert als bestes HR-Buch des Jahres von coaching.de

Beyond Budgeting, Better Budgeting. Ohne feste Budgets zielorientiert führen und erfolgreich steuern
2. Auflage,
BetaCodex Publishing, 2011.
Paperback/eBook.

Ausgezeichnet als bestes Wirtschaftsbuch des Jahres 2003 von changeX und als „Eines der 100 Besten Wirtschaftsbücher Aller Zeiten" im gleichnamigen Murmann-Kompendium

nielspflaeging.

Keynotes und Impulsvorträge für Ihre Veranstaltung • Impuls-Workshops für Unternehmen • Führungs-Workshops für Managementteams • Themendiskurse zu Vergütung, Zielen, Performance • Themendiskurse zu Organisationsdesign und -struktur • Offene „Change Clinic"-Seminare • Transformations-Setup und -Begleitung für Unternehmen

www.nielspflaeging.com

Twitter: @nielspflaeging
Email: kontakt@nielspflaeging.com

D – 65185 Wiesbaden

Version 1.3 Satir